COURS ÉLÉMENTAIRE

D'ARCHÉOLOGIE

CHRÉTIENNE

PAR

J. MALLET

PROFESSEUR AU PETIT SÉMINAIRE DE SÉEZ

PARIS

LIBRAIRIE POUSSIELGUE FRÈRES

RUE CASSETTE, 27

1874

COURS ÉLÉMENTAIRE

D'ARCHÉOLOGIE CHRÉTIENNE

COURS ÉLÉMENTAIRE

D'ARCHÉOLOGIE

CHRÉTIENNE

PAR

J. MALLET

PROFESSEUR AU PETIT SÉMINAIRE DE SÉEZ

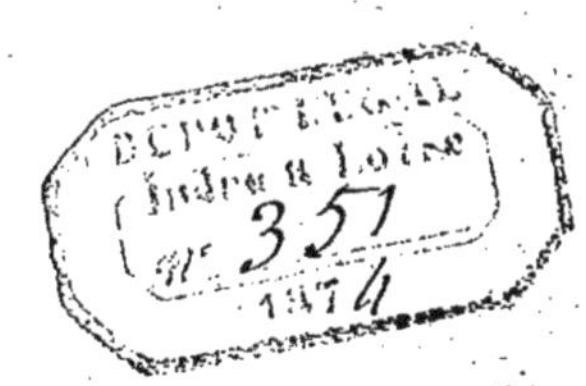

PARIS

LIBRAIRIE POUSSIELGUE FRÈRES

RUE CASSETTE, 27

1874

APPROBATION

Charles-Frédéric ROUSSELET, par la miséricorde divine et la grâce du Saint-Siége apostolique, évêque de Séez.

Après avoir fait examiner le manuscrit du *Cours élémentaire d'Archéologie chrétienne* que se propose de publier M. l'abbé Mallet, professeur dans notre petit séminaire de Séez ;

Sur le rapport très-favorable qui nous en a été fait ;

Nous en autorisons l'impression, et nous en recommandons l'enseignement dans nos séminaires.

Donné à Séez le 3 septembre 1874.

† CHARLES-FRÉDÉRIC

ÉVÊQUE DE SÉEZ

AVANT-PROPOS

Esquisser à grands traits l'histoire de l'architecture religieuse depuis son berceau jusqu'à nos jours, étudier ses différentes phases dans leurs traits les plus saillants, indiquer les œuvres les plus dignes d'attention, tel est notre projet.

Nous n'avons certes pas la prétention, dans ce *Cours élémentaire*, de former des architectes : la tâche serait au-dessus de nos forces et dépasserait en même temps nos intentions. Nous voudrions seulement aider et diriger l'observateur dans ses jugements, de manière à ce qu'il puisse apprécier sainement nos monuments, en découvrir les défauts et en admirer les beautés en connaissance de cause. Nous voudrions, au moins, mettre quiconque se trouve obligé ou de réparer un vieil édifice ou d'élever de nouvelles constructions, dans la possibilité de discuter pertinemment un plan, d'y démêler, au milieu de ce qu'il y a de beau et de bien, ce qui pourrait s'y glisser de défectueux et de contraire aux principales règles de l'art. Nous voudrions, et c'est notre but plus spécial encore, initier les jeunes étudiants des séminaires à la connaissance, si pleine d'intérêt et si utile pour eux, de l'architecture religieuse.

Ainsi donc notre dessein n'a pas été de faire un livre savant, destiné à des hommes spéciaux. Les livres savants, grâce aux recherches infatigables et aux travaux persévérants auxquels se sont livrés, depuis un demi-siècle, les de Caumont, les Mérimée, les Vitet, les Viollet-le-Duc [1], les livres savants, disons-nous, ne font point défaut. Ce qui manque plutôt, ce sont des livres simples, accessibles à tout le monde. C'est pourquoi nous nous sommes efforcé de composer un traité court, le plus élémentaire possible, mais qui pourtant contiendrait les principaux caractères de chaque période architecturale, qui donnerait des principes sûrs et des règles positives.

----

1 Pour toutes les questions d'architecture, le savant *Dictionnaire* de M. Viollet-le-Duc surtout peut être consulté avec beaucoup de profit. Nous en avons nous-même, nous aimons à le reconnaître, fait plus d'une fois l'expérience.

Nous nous empressons d'ajouter que le célèbre architecte, dans le but « de propager le goût et l'étude de l'archéologie chrétienne », a bien voulu nous autoriser à emprunter vingt figures à son bel ouvrage, et nous sommes heureux de lui en témoigner ici publiquement toute notre reconnaissance.

Aussi, visant avant tout à être précis et exact, et voulant donner à notre enseignement tout le crédit possible, nous n'avons pas hésité à emprunter aux auteurs autorisés, dont nous parlions tout à l'heure, des citations relativement nombreuses. Ces citations multipliées pourront peut-être enlever quelque mérite à notre travail, en ce sens qu'il sera moins uniforme et moins notre œuvre personnelle ; mais s'il pouvait, tel qu'il est, aider efficacement l'étude de notre belle architecture, la répandre de plus en plus ; s'il pouvait, en la rendant plus nette, et partant plus facile, la faire aimer davantage, notre but serait rempli, nos vœux complétement satisfaits.

Pour que ce petit ouvrage fût complet, il devrait peut-être, après avoir parlé de *l'architecture* de nos églises, contenir une étude sur leur *mobilier*. Mais pour plusieurs raisons nous avons cru devoir l'omettre. D'ailleurs nous espérons combler un jour cette lacune, et traiter ce sujet si important dans un travail spécial.

ARCHITECTURE RELIGIEUSE

L'*Archéologie*, comme son nom l'indique (ἀρχαῖος, ancien, et λόγος, discours), se définit : *La science des monuments antiques.*

L'archéologie, prise dans toute l'acception du mot, embrasse par conséquent : *l'architecture*, la *sculpture*, la *peinture*, que l'on groupe parfois ensemble sous le nom générique de *dessin* ; puis la *paléographie* (science des inscriptions et des écritures anciennes), la *numismatique* (connaissance des monnaies et des médailles antiques), la *glyptique* (art de graver sur pierre fine), et enfin le *mobilier*.

Mais comme notre intention est de restreindre le plus possible le cadre de ce petit volume, nous ne nous occuperons ici, sous le nom d'archéologie, que de *l'art architectonique*, c'est-à-dire de l'art qui a rapport à l'architecture. Et encore ne traiterons-nous que de l'architecture religieuse [1]. Quelques mots se glisseront nécessairement sur la sculpture et la peinture, mais seulement

---

1 Du reste, les caractères de l'architecture religieuse et ceux de l'architecture civile sont tellement semblables, qu'on peut dire que l'étude des uns donne également la connaissance des autres. « L'histoire, a dit judicieusement quelqu'un, montre-t-elle dans aucun pays l'architecture religieuse et l'architecture civile séparées de principes ? »

autant que ces deux arts seront employés comme ornements de l'architecture.

Toutefois, *l'architecture grecque* et *l'architecture romaine* étant comme les préambules nécessaires de toutes les autres architectures, nous en dirons quelque chose sous forme de simples notices. A ces deux notices, nous en ajouterons une troisième sur *l'architecture celtique*, non pas qu'au point de vue de l'art proprement dit cette architecture offre rien de remarquable, mais parce qu'elle traite des seuls souvenirs matériels qui nous restent de nos pères et qu'elle nous initie à leurs mœurs et à leurs coutumes religieuses.

NOTICE I

ARCHITECTURE GRECQUE

L'architecture grecque, ainsi que l'architecture romaine, qui n'est d'ailleurs qu'une dérivation de celle-ci, peut se définir : *L'art de construire suivant des règles et des proportions déterminées.* C'est principalement en cela que ces deux architectures se distinguent de toutes les autres, qui semblent ne pas procéder si méthodiquement, et sont livrées davantage à l'inspiration des constructeurs.

Dans cet exposé des principes de l'architecture grecque, nous donnerons les règles que l'on a déduites de l'étude comparée des monuments antiques les plus parfaits et des ouvrages des architectes les plus célèbres.

I

ORDRE D'ARCHITECTURE

On entend par *ordre*, en architecture, un arrangement régulier de parties saillantes dont la colonne est la principale.

Un ordre complet se compose de trois parties : d'un *piédestal*, A (fig. 1), d'une *colonne*, B, et d'un *entablement*, C. Chacune de ces trois parties se subdivise elle-même en trois autres.

I. Dans le piédestal, on distingue : 1° la *base*, a (fig. 1), qui

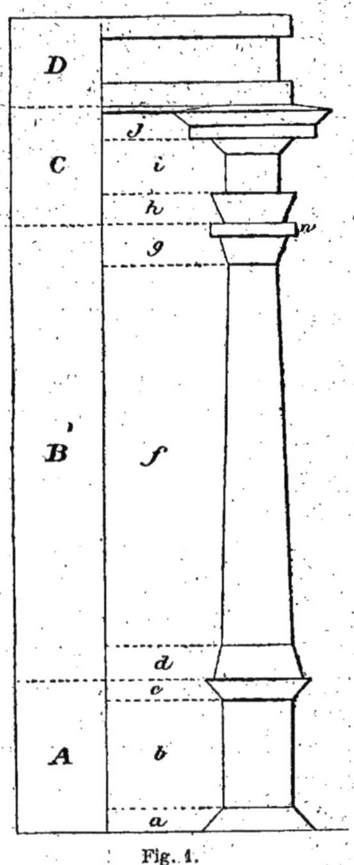

Fig. 1.

repose sur le sol ; 2° le *dé*, b, placé sur la base ; 3° la *cymaise*, c, sorte de corniche qui couronne le dé et sur laquelle vient se poser la colonne. — Quand le piédestal règne tout autour d'un édifice, il se nomme *stylobate* ou *soubassement*. Il arrive parfois que le piédestal disparaît : alors il est remplacé par une moulure plate, plus haute que large, appelée *plinthe* ou *socle*.

II. La colonne se compose : 1º de la *base*, *d* (fig. 1), partie formée de moulures différentes selon les différents ordres ; 2º du *fût*, *f*, partie cylindrique, quelquefois couverte de cannelures. — Le fût est à plomb dans le premier tiers de sa hauteur, et monte en diminuant d'un sixième de son diamètre inférieur, dans les deux tiers supérieurs, ainsi que l'indique la figure ; 3º du *chapiteau*, *g*, partie supérieure couronnant le fût. — Dans le chapiteau, on distingue l'*abaque* ou *tailloir*, *n*, morceau carré qui recouvre le chapiteau proprement dit.

Quelquefois la colonne est remplacée par le *pilastre*, sorte de pilier carré adossé au mur, dont la saillie ne doit pas avoir plus d'un quart de sa largeur. Il a les mêmes parties et les mêmes proportions que la colonne ; mais il ne diminue pas, comme elle, en s'élevant.

III. L'*entablement* se compose : 1º de l'*architrave*, *h* (fig. 1), partie plate qui repose immédiatement sur le tailloir du chapiteau ; 2º de la *frise*, *i*, sorte de bande, également plate, régnant au-dessus de l'architrave. — La frise correspond à l'épaisseur du plancher de l'édifice ; elle est habituellement décorée d'ornements, ou même de bas-reliefs ; 3º de la *corniche*, *j*, couronnement de tout l'ordre, qui est formé de moulures très-saillantes.

L'entablement est souvent surmonté d'une quatrième partie, *D* (fig. 1), qui n'appartient pas précisément à l'*ordre*, mais qu'il est utile de signaler à cause de sa fréquente occurrence. Cette partie s'appelle *attique*. L'attique est tantôt simple, tantôt ornementé ; il reçoit même parfois un ordre de très-petite dimension, qui, à cause de la place qu'il occupe, prend le nom d'*ordre attique*. Quelques attiques, particulièrement ceux des arcs de triomphe, sont destinés à recevoir des inscriptions (Ex. : arcs de triomphe de Titus et de Septime-Sévère, à Rome ; arc de triomphe du Carrousel et porte Saint-Martin, à Paris).

Chacune de ces parties a ses proportions déterminées. La mesure qui sert d'unité est le rayon du fût de la colonne, à son extrémité inférieure. Cette mesure s'appelle *module*. Le *module* se divise en douze fractions pour le toscan et le dorique, et en dix-huit pour l'ionique, le corinthien et le composite. Ces fractions se nomment *minutes*.

L'espace compris entre chaque colonne s'appelle *entre-colonnement*. Il a aussi ses dimensions réglées.

II

MOULURES ET ORNEMENTS

I. On appelle *moulures* certains ornements en saillie ou en creux employés en architecture.

On les divise en moulures simples et en moulures composées.

Les moulures simples sont : le *filet*, la *plinthe*, la *baguette*, le *tore*, la *gorge*, l'*ove*, le *cavet*, le *congé*.

1° Le *filet* ou *listel* est une petite moulure carrée, destinée surtout à séparer les autres moulures entre elles. Quand il sépare les cannelures d'un fût de colonne, il prend le nom de *côte* (fig. 2).

Fig. 2.

2° La *plinthe* ou *plate-bande*, comme ce second nom l'indique,

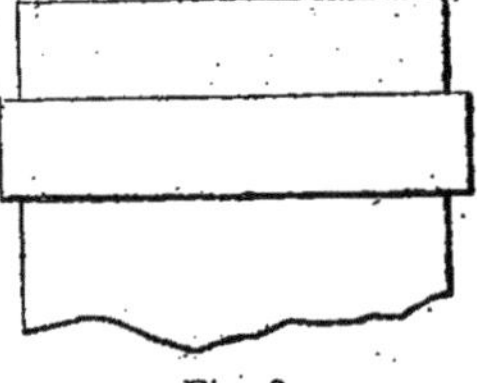

Fig. 3.

est une moulure large et plate, dont la saillie est peu considérable (fig. 3).

3º La *baguette* ou *astragale* est une petite moulure convexe demi-ronde, dont le diamètre varie de 0 ^{m} 01 à 0 ^{m} 05 (fig. 4). Au-dessus de cette grosseur, elle prend le nom de tore.

Fig. 4.

4º Le *tore* ou *boudin* est une moulure convexe demi-ronde, dont la saillie égale la moitié de la hauteur (fig. 5).

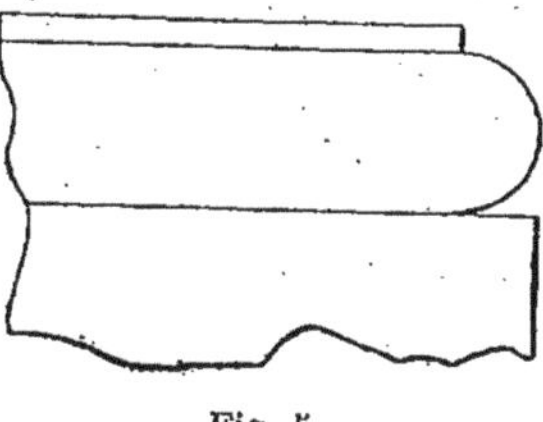

Fig. 5.

5º La *gorge* est une moulure concave demi-ronde, dont la profondeur égale la moitié de la hauteur. C'est l'inverse du tore (fig. 6).

Fig. 6.

6º L'*ove* ou *quart-de-rond* est une moulure convexe formée du quart de la circonférence, dont la saillie égale la hauteur (fig. 7).

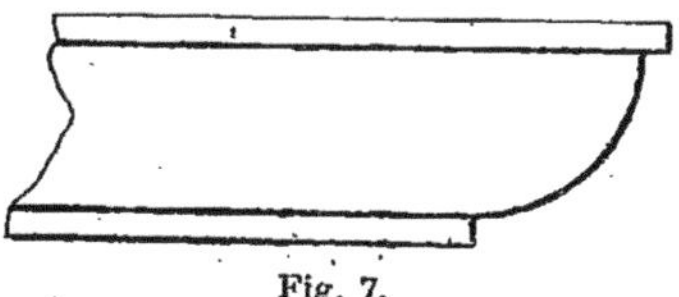

Fig. 7.

On appelle aussi *oves* des ornements en forme d'œufs, placés dans

certaines moulures, entr'autres dans celles du chapiteau ionique
(fig. 8).

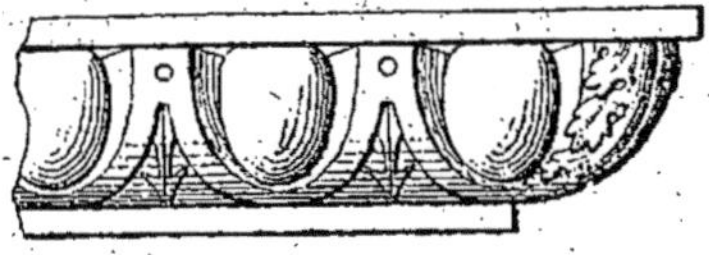

Fig. 8.

7° Le *cavet* est une moulure creuse, formée d'un quart de
rond dont le centre est en dehors de la saillie (fig. 9). — Le cavet
et l'ove peuvent être renversés.

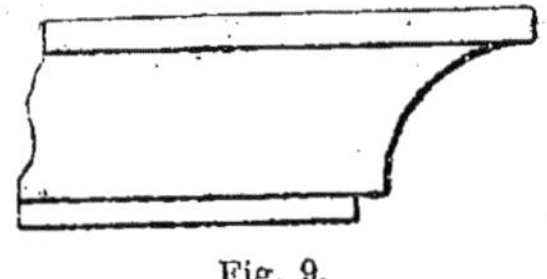

Fig. 9.

8° Le *congé* ou *escape* est un petit cavet, qui sert à unir une
moulure carrée à un autre membre d'architecture (fig. 10).

Fig. 10.

Les moulures composées sont : le *talon*, la *doucine*, la *scotie*,
le *larmier*.

1° Le *talon* est une moulure moitié concave et moitié convexe,

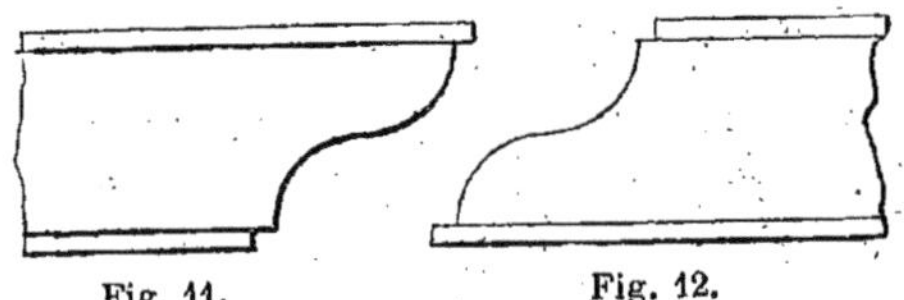

Fig. 11.   Fig. 12.

qui se compose d'un cavet en bas, et d'un quart de rond en haut
(fig. 11). — Le talon peut être renversé (fig. 12).

2° La *doucine* est une moulure semblable au talon, mais disposée en sens contraire, c'est-à-dire formée d'un quart de rond en bas et d'un cavet en haut (fig. 13). — La doucine peut être aussi renversée (fig. 14).

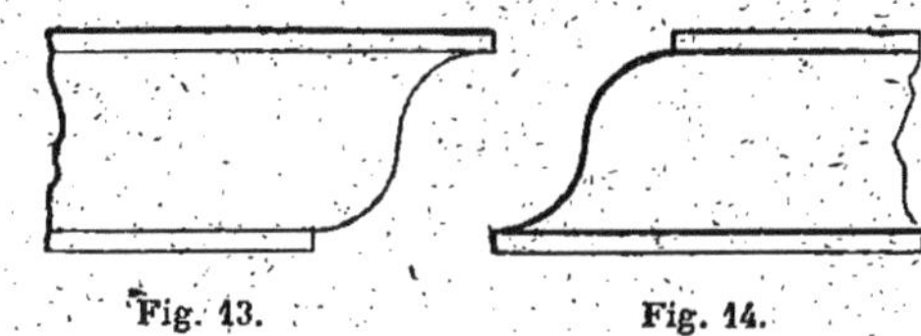

Fig. 13.   Fig. 14.

3° La *scotie* est une moulure creuse, formée de plusieurs cavets dont les centres sont pris à volonté (fig. 15).

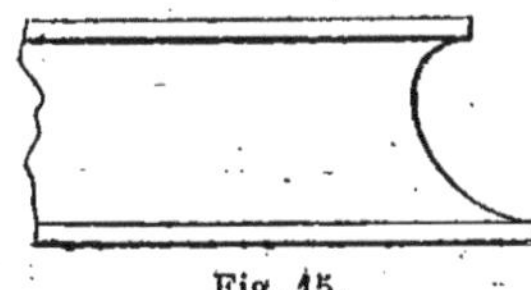

Fig. 15.

4° Le *larmier* est une moulure large et très-saillante qui se trouve dans la corniche. Il sert à préserver l'ordre des eaux pluviales (fig. 16). — Il présente en dessous une sorte de petit pla-

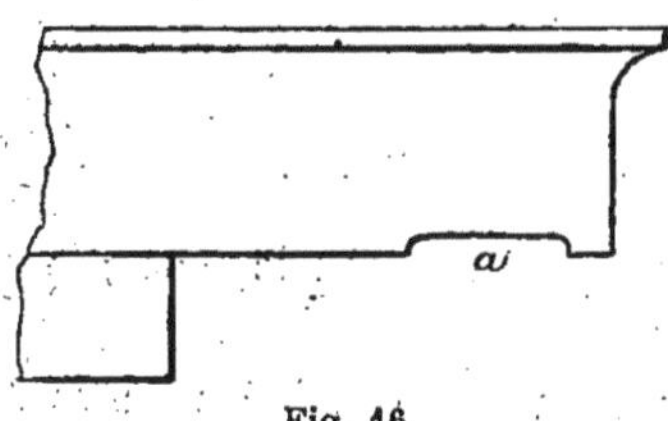

Fig. 16.

fond, ornementé d'une façon ou d'une autre suivant chaque ordre, ayant de plus sur son bord un petit canal appelé *mouchette*, *a*, destiné à arrêter les gouttes d'eau et à les faire tomber perpendiculairement *en larmes*. D'où ce nom de *larmier*, donné à toute la moulure. Dans l'ordre dorique, le plafond est un peu incliné pour offrir un obstacle de plus aux gouttes d'eau qui auraient pu franchir la mouchette.

II. A ces ornements, appelés proprement moulures, nous en ajouterons quelques autres des plus fréquemment employés, comme les *modillons*, les *denticules*, les *consoles*, les *acrotères*, les *cannelures*, les *rudentures*, les *triglyphes*, les *frontons*.

1° Les *modillons* sont des pierres saillantes, servant à soutenir la corniche. Ils prennent parfois le nom de *mutules* (fig. 17).

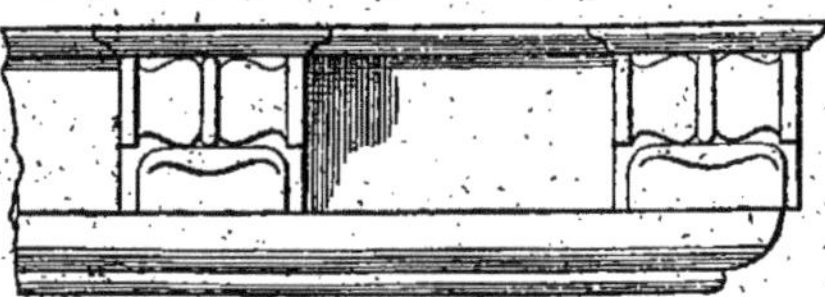

Fig. 17.

2° Les *denticules* sont des modillons très-peu saillants, coupés carrément et très-rapprochés l'un de l'autre. — Le petit espace compris entre deux denticules s'appelle *métatome* (fig. 18).

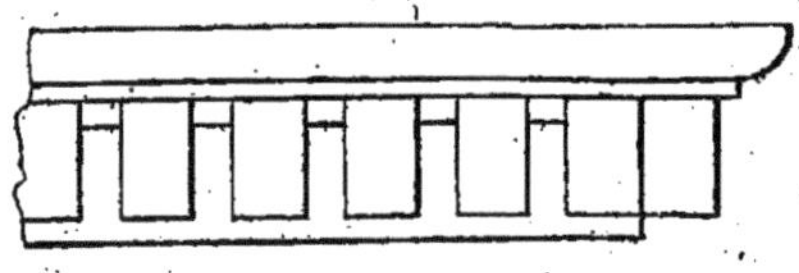

Fig. 18.

3° Les *consoles* sont des modillons de grande dimension, servant à supporter un buste, une statue, ou même simplement une corniche, et susceptibles d'ornements très-variés (fig. 19).

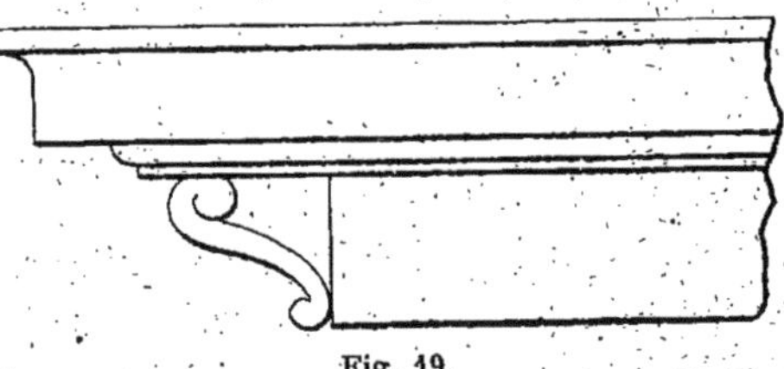

Fig. 19.

4° Les *acrotères* sont des ornements en forme de piédestal, placés sur la corniche des édifices et en particulier au sommet et aux extrémités des frontons, destinés à porter des statues, des trophées d'armes, etc. (fig. 20).

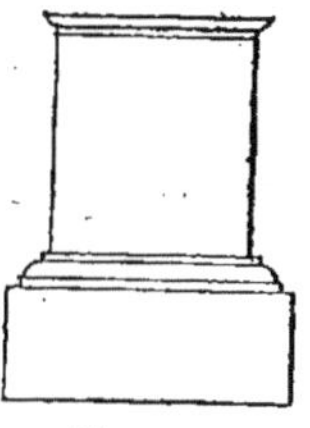

Fig. 20.

5° Les *cannelures* sont de petits canaux demi-ronds, creusés longitudinalement sur un fût de colonne ou sur la face d'un pilastre. — Les cannelures sont séparées entre elles ou par une arête vive; alors elles sont appelées cannelures à *vive arête* (fig. 21);

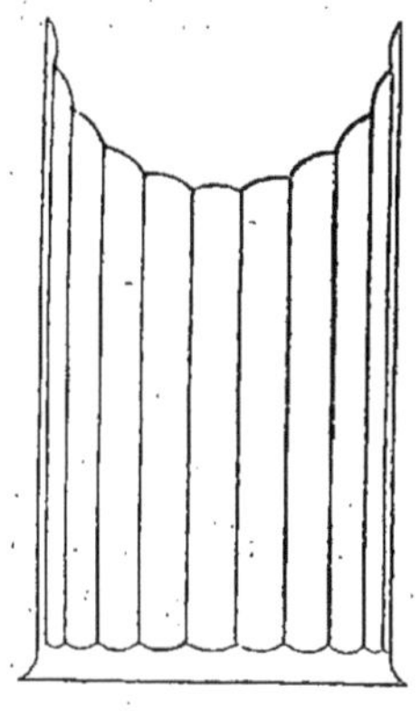

Fig. 21.

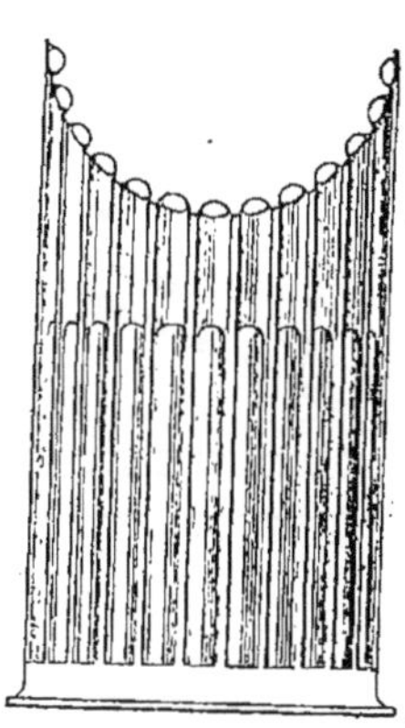

Fig. 22.

ou par une côte, et dans ce cas elles sont dites cannelures *non à vive arête* ou cannelures *à côtes* (fig. 22).

6° Les *rudentures* sont de petites baguettes qui remplissent parfois les cannelures jusqu'au tiers de leur hauteur (fig. 22). Les cannelures sont dites alors cannelures *rudentées*.

7° Les *triglyphes* (du grec τρεΐς et γλυφή) sont des ornements quadrilatéraux saillants, placés à des distances égales sur la frise dorique. Ils présentent sur leurs faces deux cannelures ou rainures verticales, appelées glyphes ou canaux, et sur les côtés deux demi-cannelures ; ce qui fait en tout *trois* : d'où leur nom de *triglyphes* (fig. 23). — L'espace compris entre deux triglyphes s'appelle *métope, m.*

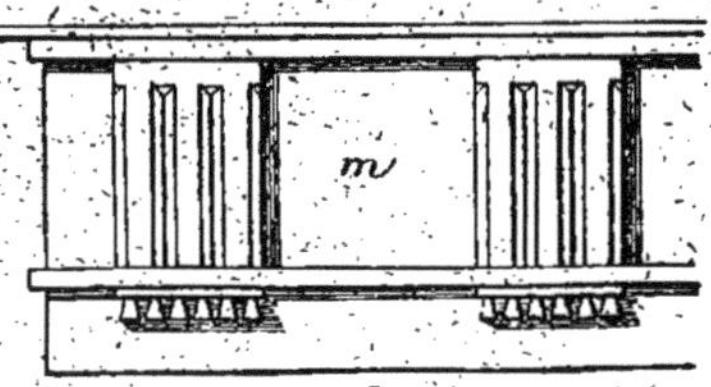

Fig. 23.

8° Les *frontons* sont des ornements qui servent de couronnement à la façade des monuments grecs et romains. Ils sont appuyés sur la corniche et sont composés des mêmes moulures qu'elle. Ils sont ordinairement triangulaires et destinés à masquer la pente des toits (fig. 24).

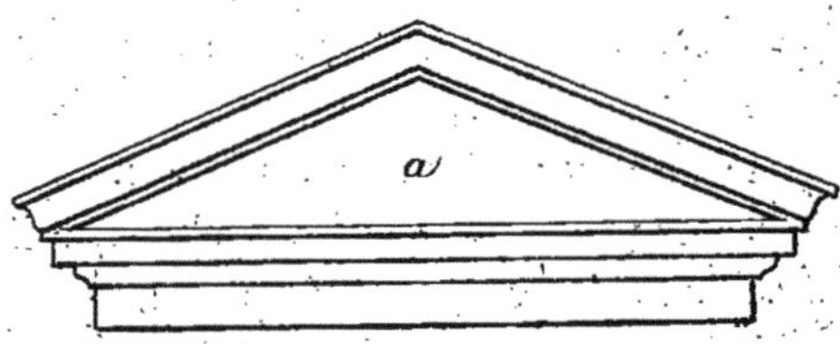

Fig. 24.

L'espace compris entre les moulures qui font l'encadrement du fronton s'appelle *tympan*, *a*. Le tympan est tantôt lisse (ex. : temple de Thésée, à Athènes), tantôt il est couvert de sculptures variées, de bas-reliefs [1] et même des scènes en ronde bosse (ex. : Parthénon d'Athènes).

1 On appelle *bas-relief* un ouvrage de sculpture formant saillie sur un fond auquel il tient et dont il se détache plus ou moins ; quand il est presque entièrement détaché du fond, il prend le nom de *haut-relief*, de *plein-relief* ou encore de *ronde-bosse*.

III

ORDRES GRECS

Les Grecs employèrent trois ordres : le *dorique*, l'*ionique* et le *corinthien*.

I. Le *dorique* [1] (fig. 25) se fait remarquer par une grande sobriété d'ornements. Chez les Grecs il n'eut pas de piédestal : la colonne reposait sur un socle, ou souvent même sur le sol. — Le *fût* de la colonne est ordinairement couvert de vingt cannelures à vive arête, et son chapiteau ne présente que quelques moulures très-simples. — La *frise* de l'entablement est toujours ornée de triglyphes : dans les métopes, on sculpte des bucranes ou têtes de bœufs couronnées de guirlandes, des trophées, des urnes, des instruments de sacrifice, etc. Au-dessous des triglyphes sont suspendus des espèces de petits cônes en saillie, appelés *gouttes*. C'est surtout à la présence des triglyphes qu'on peut, au premier coup d'œil, reconnaître l'ordre dorique. La corniche est garnie de denticules ou de mutules.

La hauteur de la colonne est de seize modules, celle du piédestal de cinq, et celle de l'entablement de quatre.

Cet ordre, si sobre d'ornementation, a de tout temps été employé pour les monuments qui devaient présenter un aspect grave et sévère.

II. L'*ordre ionique* (fig. 26) a été découvert en Ionie. Sans répéter les fables tant de fois écrites sur l'origine de son chapiteau, dont la volute imitait, disait-on, la coiffure des femmes ioniennes, nous dirons seulement que les proportions de cet ordre sont des plus heureuses et ses détails très-élégants.

Ce qui caractérise surtout l'ordre ionique, c'est la forme du chapiteau et du fût de sa colonne. Le *chapiteau* est orné de huit

---

[1] D'après Vitruve, cet ordre est ainsi appelé du nom de son inventeur, Dorus, roi du Péloponèse.

Fig. 25.

Fig. 26.

volutes, sortant de dessous le tailloir, et de plusieurs oves. Le *fût* est creusé de cannelures non à vives arêtes, au nombre de vingt-quatre. — La *frise* de l'entablement n'a pas de triglyphes, mais elle est parfois ornée de guirlandes de fleurs, ou de bas-reliefs. La corniche a des denticules et comporte même des modillons. Souvent elle est de plus surmontée d'un attique.

La hauteur de la colonne est de dix-huit modules, celle du piédestal de six, et celle de l'entablement de quatre.

III. L'*ordre corinthien* (fig. 27), comme son nom l'indique, dut prendre naissance à Corinthe. Selon Vitruve, un sculpteur de cette ville, nommé Callimaque, passant un jour auprès du tombeau d'une jeune fille grecque, aperçut sur le haut de la *stèle* [1] funéraire une corbeille recouverte d'une tuile : autour de la corbeille, de grandes feuilles d'acanthe s'étaient spontanément développées. Cet ensemble parut à Callimaque si frais et si gracieux qu'aussitôt il conçut, dit-on, l'idée de décorer ainsi le chapiteau de colonnes que dans le moment il avait à sculpter.

L'ordre corinthien est surtout remarquable par son chapiteau couvert de deux rangs de feuilles d'acanthe : aux angles, huit volutes semblent sortir de ces feuilles, tandis que deux volutes plus petites occupent le milieu de chacune des faces. Le tailloir, échancré sur ses quatre côtés, porte pareillement au milieu de chacun d'eux une petite rose, ou quelque autre ornement semblable, et se décore d'oves, de fleurs ou de perles. Les fûts des colonnes sont couverts de cannelures non à vives arêtes ou à côtes. — Deux rangs de denticules et un rang de modillons sculptés ornent la corniche. L'architrave est divisée en trois bandes par des baguettes que l'on sculpte aussi quelquefois.

La hauteur de la colonne corinthienne est de vingt modules, celle du piédestal de sept, et celle de l'entablement de cinq.

Pour compléter autant que possible ces notions, nous ajouterons que quelques architectes grecs remplacèrent les colonnes par des *caryatides*. Les caryatides sont des statues de femmes gracieusement drapées dans leur vêtement et supportant sur leur tête l'en-

---

[1] On appelle *stèle* funéraire un tronçon de colonne placé sur un tombeau.

Fig. 27.

tablement de l'ordre. D'après Vitruve, l'origine des caryatides remonterait jusqu'aux guerres médiques. — (Les caryatides antiques les plus célèbres sont celles du Prandosion d'Athènes. On en voit aussi d'assez remarquables au Louvre et aux Tuileries, à Paris.)

IV

MONUMENTS

Nous terminerons cette notice en indiquant les plus beaux monuments de l'art grec, dont nous possédons encore quelque chose.

Ordre dorique : Les propylées de l'acropole d'Athènes, ou vestibule de la citadelle, construits par ordre de Périclès.

Le Parthénon, ou temple de Minerve, à Athènes. — L'église de la Madeleine, à Paris, est bâtie sur le modèle du Parthénon, mais dans de plus grandes proportions.

Le temple de Thésée, à Athènes.

Ordre ionique : Le temple de Diane, à Éphèse.

Les temples de Minerve Polliade et d'Erectée, à Athènes.

Ordre corinthien : Le temple de Jupiter Olympien, à Athènes. — Les Français le découvrirent dans leur expédition de Morée, en 1827.

Le temple de Vénus, dans l'île de Chypre.

La Lanterne de Démosthène, monument choragique élevé en l'honneur de Lysicrate. — Ce monument, reproduit en terre cuite, orne le parc de Saint-Cloud.

NOTICE II

ARCHITECTURE ROMAINE

Les Romains adoptèrent pour leur architecture les trois ordres grecs, non toutefois sans y apporter des modifications. Mais ces modifications portant plutôt sur les détails que sur l'ensemble, nous n'en dirons rien. Remarquons seulement qu'ils en *agrandirent les proportions* et qu'habituellement ils laissèrent lisses les fûts des colonnes, surtout dans l'ordre dorique et dans l'ordre ionique. La raison en est, ce semble, qu'ils employaient exclusivement le marbre dans leurs constructions monumentales, et qu'alors les cannelures, en amoindrissant les surfaces polies, eussent diminué les beaux effets de l'éclat et des reflets du marbre.

I

ORDRES ROMAINS

Aux trois ordres grecs, les Romains ajoutèrent l'*ordre toscan*, qui fut inventé par les habitants de l'Étrurie, ou Toscane, et l'*ordre composite*, qui fut créé par les Romains eux-mêmes, et qui pour cela est quelquefois appelé *ordre romain*.

I. L'*ordre toscan* (fig. 1) ne se fait remarquer que par la simplicité sévère de son style et par sa solidité. — Le chapiteau et la base de sa colonne ne comportent que de rares moulures; le fût n'est jamais cannelé. Mais à la place de cannelures, on l'a parfois recouvert de *bossages* [1]. — La frise de son entablement est lisse et la corniche sans denticules.

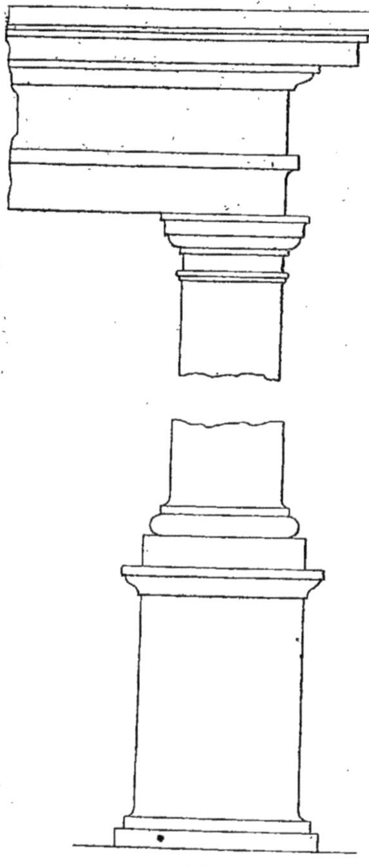

Fig. 1.

La hauteur de sa colonne est de quatorze modules, celle de son piédestal de quatre trois quarts, et celle de son entablement de trois et demi.

II. L'*ordre composite* (fig. 2) est ainsi nommé parce que son cha-

[1] On appelle *bossage* toute saillie sur la surface d'une pierre : les bossages sont tantôt bruts, tantôt taillés.

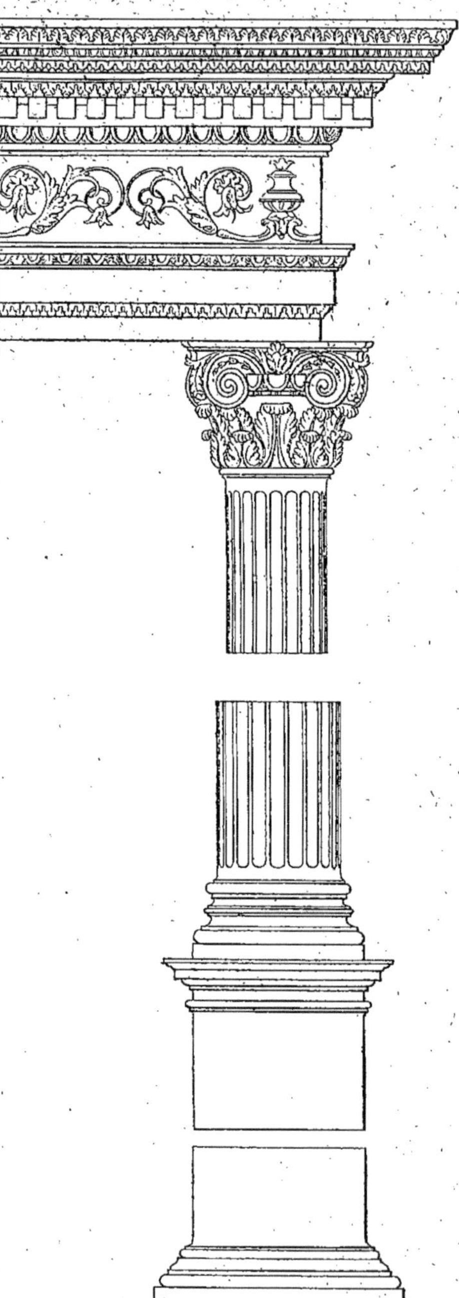

Fig. 2.

piteau est *composé* des volutes ioniques et de la corbeille d'a-
canthe du corinthien. Ses proportions générales sont les mêmes
que celles de l'ordre corinthien. Toutefois il admet une plus grande
quantité d'ornements : son chapiteau reçoit des figures, des vic-
toires ailées, des aigles ; le tailloir lui-même est chargé de sculptures. Mais cette profusion d'ornements lui donne précisément une
certaine lourdeur, et nuit à la pureté des lignes. Il faut avouer
néanmoins que sa magnificence étonne et séduit au premier
abord.

La hauteur de la colonne composite est de vingt modules, celle
du piédestal de sept, et celle de l'entablement de cinq.

Toutefois ce n'est pas dans la création de ces deux nouveaux

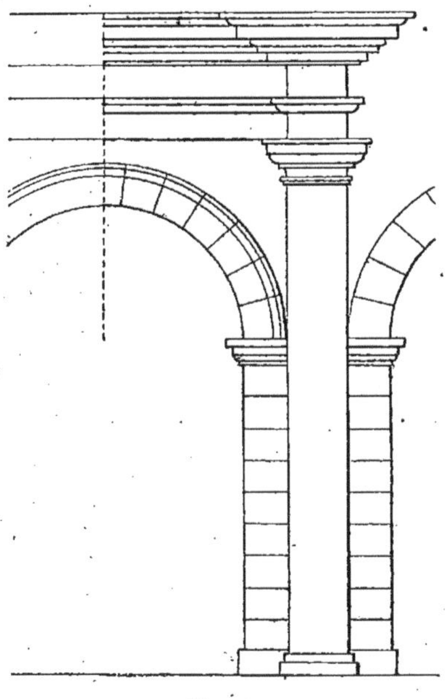

Fig. 3.

ordres que se caractérise l'originalité, ou mieux le génie propre
de l'architecture romaine. Nous découvrons surtout ce génie par-

ticulier dans les *formes courbes* qu'employèrent les architectes romains dans presque tous leurs monuments. A la plate-bande de l'entablement grec, ils substituèrent, pour réunir les colonnes entre elles, un arc en plein cintre, c'est-à-dire un arc formé de *voussoirs* ou *claveaux* [1] placés suivant une demi-circonférence, ou, plus souvent encore, marièrent très-heureusement ensemble ces deux éléments distinctifs de deux architectures différentes (fig. 3). Pour cela, ils placèrent de chaque côté de la colonne ou pilastre de l'ordre un *pied-droit* [2], sur l'*imposte* [3] duquel ils appuyèrent le *coussinet* ou *sommier* [4] de l'arc; ce qui donna à leurs constructions un caractère tout spécial de hardiesse et de grandeur.

Observons encore avant de finir que l'arc en plein cintre est comme le lien qui rattache l'architecture antique à l'architecture du moyen âge. Nous le retrouverons d'abord sous les mêmes formes dans l'architecture romane, et plus tard dans l'architecture ogivale, sous la forme de l'arc en tiers-point, qui, au fond, n'en est qu'une expansion.

[1] Les *voussoirs* ou *claveaux* sont des pierres cunéiformes, c'est-à-dire taillées en forme de coins, avec lesquelles on forme les arcs. Le voussoir du milieu, plus grand que les autres, s'appelle *clef*.

[2] On appelle *pieds-droits* deux montants verticaux d'une ouverture quelconque, porte ou fenêtre, quand cette ouverture est terminée par un arc. Si l'ouverture se termine horizontalement, on donne de préférence aux montants le nom de jambages.

[3] L'*imposte* est la dernière assise d'un pied-droit; elle est ordinairement marquée par une ou plusieurs moulures.

[4] On appelle *coussinet* ou *sommier* le dernier voussoir des deux extrémités de l'arc.

II

APPAREILS

On appelle *appareil* l'ensemble des pierres employées dans la construction d'un édifice.

L'appareil varie suivant la dimension des pierres et suivant leur forme et leur agencement. Ils prennent de là différents noms.

I. Par rapport à la dimension des pierres, on distingue trois sortes d'appareils :

1° Le *grand appareil* (fig. 4): c'est un assemblage de pierres de

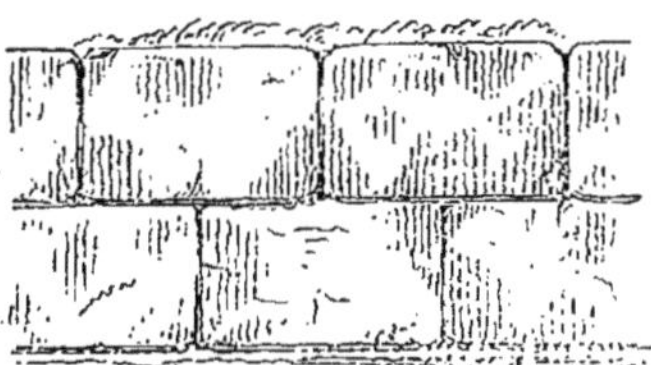

Fig. 4.

taille de $0^m\,64^c$ à $1^m\,60^c$ de largeur sur $0^m\,60^c$ à 1^m de hauteur. Ces pierres sont juxtaposées sans ciment : quelquefois elles sont liées ensemble par des *queues d'aronde* [1] ou par des crampons de fer. (Voir fig. 10.)

2° Le *petit appareil* (fig. 5) : il est formé de petits moellons cubiques de $0^m\,08$ à $0^m\,16^c$. — Les constructions en petit appareil sont ordinairement sillonnées de plusieurs *zones de briques*, qui servent à la fois d'ornements et de régulateurs pour maintenir le niveau des pierres. Ces zones se composent de deux ou trois, parfois de cinq ou six rangs de briques séparés les uns des autres par

---

[1] On appelle *queue d'aronde* ou *d'hironde* un tenon taillé en forme de queue d'hirondelle dans une pierre ou une pièce de bois, et qui doit entrer dans une entaille de même forme faite dans la pierre ou la pièce de bois voisine.

d'épaisses couches de ciment. — Disons en passant que ces briques d'appareil ont été très-employées dans les Gaules aux III° et

Fig. 5.

IV° siècles (ex. : anciennes murailles du Mans, de Jublains, dans la Mayenne, de Bourges, de Soissons).

3° Le *moyen appareil* : il se compose de pierres tenant le milieu pour la grandeur entre les pierres du grand appareil et celles du petit.

II. Par rapport à la forme et à l'agencement des pierres entre elles, on distingue :

1° L'*appareil* *antique* ou *irrégulier* (opus antiquum *ou* incer-

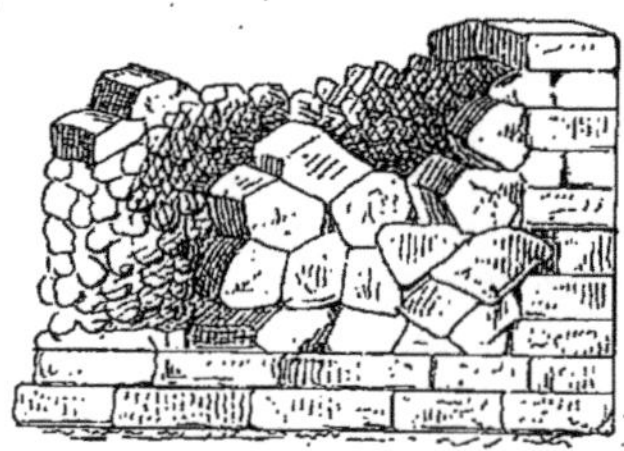

Fig. 6.

tum) (fig. 6) : il est composé de pierres brutes de toute grosseur noyées dans du mortier; c'est la maçonnerie de blocage.

2° L'*appareil entremêlé* (opus insertum) (fig. 7) : il se compose de pierres en liaison, c'est-à-dire de pierres dont les joints verti-

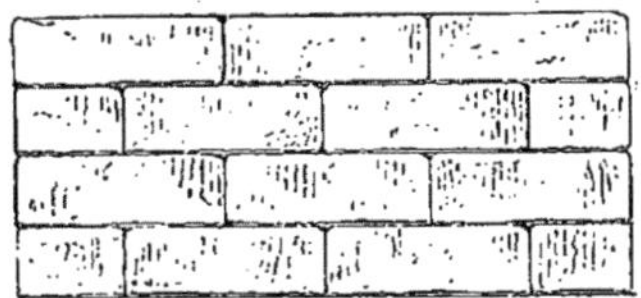

Fig. 7.

caux d'une assise se trouvent au milieu de chacune des pierres qui composent l'assise supérieure et l'assise inférieure.

3° L'*appareil réticulé* (opus reticulatum) (fig. 8) : il se compose de pierres taillées régulièrement et placées de manière à figurer

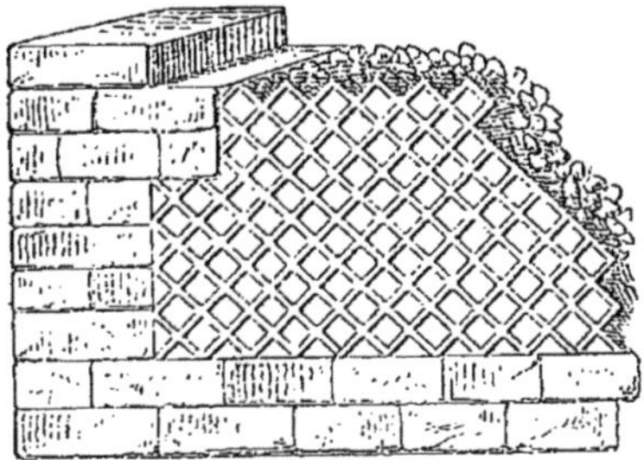

Fig. 8.

un réseau ou bien les cases d'un damier ou d'un échiquier. — Cet appareil est devenu très-rare (ex. : anciennes murailles d'Autun, et ancien temple païen dans la même ville).

4° L'*appareil en épi* (opus spicatum), appelé encore appareil

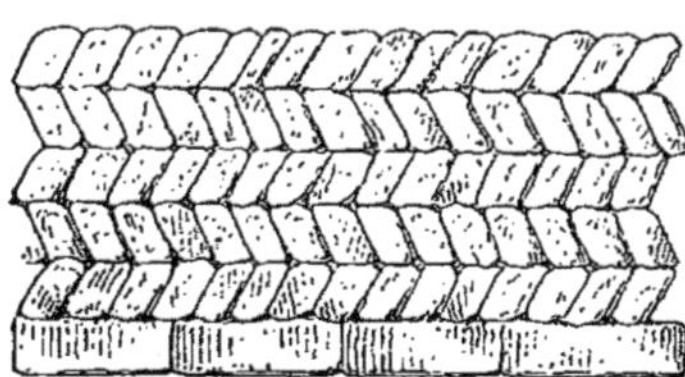

Fig. 9.

en *feuilles de fougère* ou en *arête de poisson* (fig. 9) : il se compose

de rangs de pierres alternativement inclinées à droite et à gauche.
— On fait encore ainsi des dallages en briques sur champ.

Tout appareil dont les pierres sont posées à sec, sans mortier,
se nomme *maceria*; tout appareil dont les pierres sont réunies par

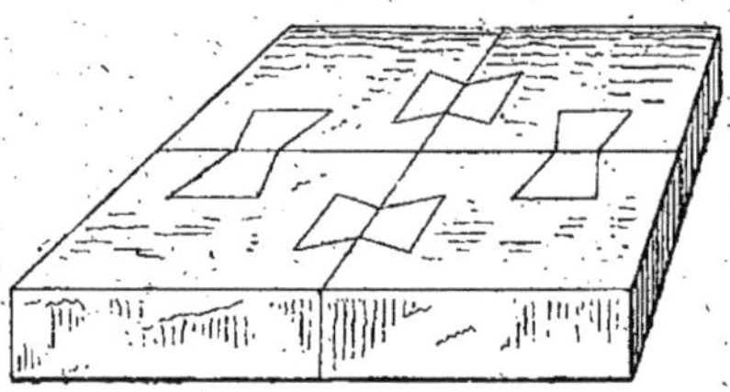

Fig. 10.

des queues d'aronde ou des crampons, est dit *opus revinctum*
(fig. 10).

On pourrait, en outre, classer parmi les différentes espèces
d'appareil les *mosaïques*. Du reste les Romains les appelaient de
ce nom : *opus musivum*, ou *opus tesellatum*, ou encore *opus sectile*.
Les mosaïques (fig. 11), ainsi que l'indiquent ces deux derniers

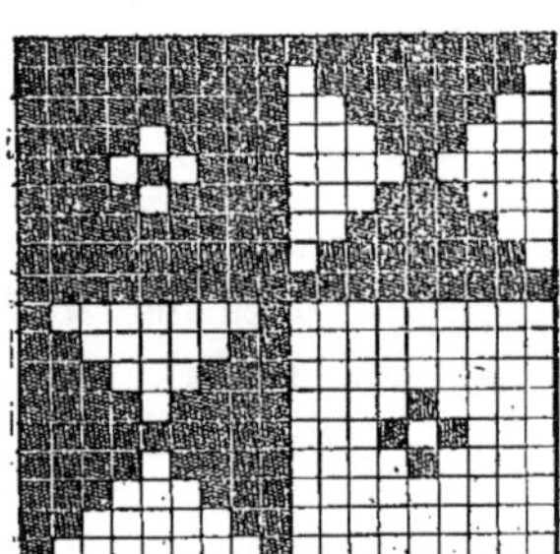

Fig. 11.

noms, sont composées de petits fragments cubiques, de pierre,
de marbre, de porphyre, de jaspe, de verre, d'émail, etc., qui
par la diversité de leurs couleurs forment des rosaces, des losanges,
des dessins de toute espèce, et même représentent, aussi bien que
la peinture, tous les objets animés et inanimés, des personnages,

et jusqu'à des scènes entières. — D'après plusieurs archéologues, entre autres le savant Rich [1], on leur donnait le nom d'*opus Alexandrinum*, quand elles étaient composées de cubes seulement de deux couleurs : le rouge et le noir, par exemple, sur un fond blanc.

Les mosaïques gallo-romaines étaient habituellement en calcaire blanc, en grès rouge ou en terre cuite. Les plus belles qui aient été découvertes sont celles de Lyon, d'Aix, de Carpentras, d'Orange, de Nîmes et d'Autun.

(L'Italie moderne a excellé dans l'art du mosaïste, et elle a rempli ses églises et ses musées de véritables chefs-d'œuvre. Nous nous contenterons de citer les mosaïques de Rome, et en particulier celles de la basilique Saint-Pierre, qui sont au-dessus de toute description.)

III

MONUMENTS

Nous terminerons ces courtes notions sur l'architecture romaine comme nous l'avons fait précédemment pour l'architecture grecque, en indiquant les plus célèbres monuments romains qui existent encore aujourd'hui.

A ROME :

Le Panthéon, le plus beau et le plus vaste des nombreux temples qui existaient dans la capitale du monde romain. Il est circulaire et couvert par une immense coupole dont le diamètre est de 43^m 50. Cette forme lui a valu le nom de *Rotonde*. — Le pape Boniface IV, en 610, le consacra au culte du vrai Dieu, sous l'invocation de la sainte Vierge et de tous les saints martyrs. D'où lui est venu son nom de *Santa Maria ad Martyres*.

Le temple de Vesta (aujourd'hui église Sainte-Marie *del Sole*). Il est aussi circulaire et remarquable par son élégance.

[1] *Dictionnaire des antiquités romaines.*

Le temple de la Concorde.

Le temple de la Fortune virile (aujourd'hui l'église de Sainte-Marie l'Égyptienne)..

Le Colisée (colosæus), la construction la plus colossale de Rome. Plus de cent mille personnes assises pouvaient y voir à l'aise les spectacles qui s'y donnaient. Commencé par Vespasien, il fut achevé par Titus. On remarque, à l'extérieur, quatre ordres superposés les uns au-dessus des autres. — C'est dans cet amphithéâtre qu'un grand nombre de chrétiens furent livrés aux bêtes féroces. Aussi, par respect pour le sang de ces martyrs, le pape Benoît XIV, après l'avoir restauré, lui donna une destination religieuse et y plaça les stations du Chemin de la croix.

L'arc de triomphe de Titus, où le composite fut employé pour la première fois.

L'arc de triomphe de Septime Sévère.

L'arc de triomphe de Constantin.

La colonne de Trajan, le premier et le plus beau monument de ce genre. Elle fut élevée en l'honneur de ce prince, en 114, par le sénat et le peuple romain. Elle est d'ordre dorique. Son fût, en marbre blanc, est couvert de bas-reliefs admirablement sculptés représentant les deux campagnes contre Décébale, roi des Daces. — La colonne Vendôme, à Paris, a été élevée sur le même plan.

La colonne de Marc-Aurèle Antonin. Elle aussi, d'ordre dorique et couverte de bas-reliefs, représente les exploits de cet empereur en Germanie. (On voit sur l'un des bas-reliefs le miracle de la *Légion fulminante*.)

Les belles ruines du théâtre de Marcellus.

Le tombeau de Cecilia Metella.

Les thermes de Caracalla. Au dire d'Olympiodore, seize mille baigneurs pouvaient y trouver place à la fois.

EN ITALIE :

Le temple et l'amphithéâtre de Pœstum.

Le temple de Vesta, dit de la Sibylle, à Tivoli.

Les ruines de plusieurs temples, à Agrigente.

EN FRANCE :

La Maison carrée de Nîmes, ancien temple dédié, dit-on, aux petits-fils d'Auguste : elle est d'ordre corinthien.

Les arènes de Nîmes. Trente mille spectateurs pouvaient s'y asseoir.

Les arènes d'Arles.

L'aqueduc de Nîmes, dit le pont du Gard.

L'arc de triomphe d'Oranges.

La porte d'Aroux, à Autun.

La porte de Mars, à Reims.

Les ruines du palais Gallien, à Bordeaux.

Les ruines du pont de Saint-Chamas (Bouches-du-Rhône).

Le pont de Vaison (Vaucluse).

NOTICE III

ARCHITECTURE CELTIQUE

Les Celtes, Galls ou Gaulois, n'érigeaient point de temples à leurs divinités : ils pensaient que c'eût été outrager la majesté divine que de la renfermer entre des murailles. Ils accomplissaient leurs rites sacrés au milieu des sombres solitudes des forêts, ou sur la cime imposante des montagnes, ou encore sur les bords de la mer. Aussi est-ce là surtout que nous trouvons ces monuments grossiers qui, la plupart, furent élevés par nos ancêtres dans un but religieux.

Ajoutons que leurs descendants, devenus chrétiens, voulurent parfois purifier et sanctifier l'idée religieuse qui présida à l'érection de ces monuments : alors ils les couvrirent de croix et de signes analogues : de là, les traditions, moitié chrétiennes, moitié païennes, qui s'y rattachent dans certaines localités.

Ces monuments, dont on ne saurait préciser la date et dont on ne peut souvent établir la destination exacte que par des conjectures plus ou moins ingénieuses, se rencontrent surtout dans le Maine, l'Anjou, le Poitou, la Touraine, la Normandie et spécialement dans la Bretagne, c'est-à-dire dans les provinces où l'élément celtique a dominé davantage.

Les divers monuments qui appartiennent à l'âge celtique sont :

Les *menhirs*, les *alignements*, les *cromlechs*, les *dolmens*, les *allées couvertes*, les *pierres branlantes*, les *tumulus*.

I

MENHIRS

Les *menhirs* (fig. 1) (du celtique *men*, pierre, *hir*, longue) sont des monolithes bruts de forme allongée, plantés dans la terre

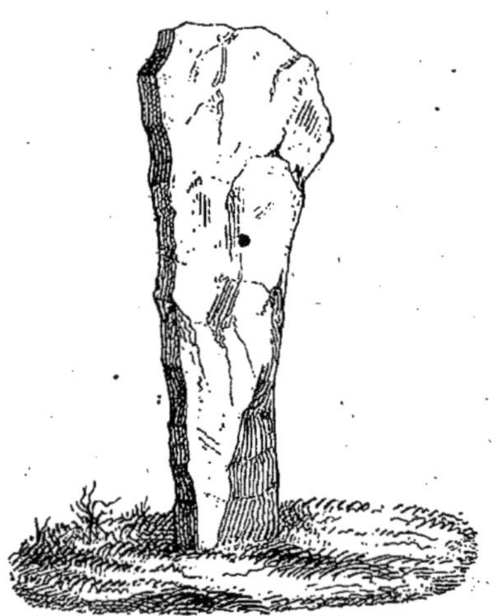

Fig. 1.

verticalement, et assez souvent par l'extrémité la plus petite. Leur hauteur varie de 1 à 10 mètres. — Le plus grand qu'on ait trouvé est celui de Locmariaker (Morbihan), qui avait plus de 22^m de hauteur : aujourd'hui, il est rompu en quatre fragments dont l'un a encore 12^m de long. On estime son poids à plus de deux cent mille kilogrammes.

On rencontre aussi très-souvent des pierres d'une provenance assurément celtique, qui ne sont pas plantées dans le sol. M. de Caumont les a appelées *pierres posées*.

Les menhirs, suivant les différentes contrées, prennent différents noms. Dans les environs de Chartres, on les appelle *ladères* (pierre sacrée qui est droite); en Bretagne, *mensao* (pierre droite); ailleurs, *chaire du diable*, *pavé des géants*, *haute borne*, *pierre debout*, *pierre droite*, *pierre levée*, *pierre fixée*, *pierre fiche*, *pierre fite*.

Et ces noms sont parfois devenus les noms des localités qui les avoisinaient. C'est ainsi qu'on trouve Pierrefite, près Paris, près Pont-l'Évêque, près Argentan, au pied des Pyrénées, etc. ; Pierrefiche, près Mende; Pierre-Fixte, près Nogent-le-Rotrou, etc.

Les archéologues ne sont pas d'accord sur la destination des menhirs : quelques-uns en font des monuments commémoratifs de certains événements remarquables ; d'autres les regardent comme des idoles, parce qu'on en trouve, comme à Loudun (Vienne) et à Trédion (Basse-Bretagne), dont l'extrémité supérieure est grossièrement sculptée en forme de tête humaine (celui de Trédion est appelé dans le pays *babouin* ou *babouine*). Tantôt ils y voient des pierres limitantes pour les territoires et les propriétés, comme étaient les images du dieu Terme, chez les Romains: tel est le caractère d'une *haute borne* qui se trouve dans le département de la Haute-Marne, sur laquelle est gravée une inscription latine indiquant les limites des Leuci. Tantôt ils les prennent pour des monuments funéraires, parce qu'on a recueilli, au pied de quelques-uns, des débris de charbon et d'ossements humains. — Sur la route de Vernon aux Andelys, au hameau de Châteauneuf (Eure), on trouve un menhir fort remarquable par la manière dont il est taillé. On l'appelle, dans le pays, *Gravat de Gargantua*. Sa partie supérieure est grossièrement façonnée en forme de chaire. « Peut-être était-ce la tribune du prêtre gaulois haranguant la foule des adorateurs du gui sacré. »

Les menhirs sont les monuments celtiques les plus nombreux.

Parmi les plus remarquables nous citerons ceux de Carnac, d'Ardeven, de Kergadiou (Morbihan), de Kerveaton (Finistère), de Bouillon (Manche), de Colombiers-sur-Seule (Calvados), de la forêt de Gouffern (Orne), du Mans (Sarthe).

II

ALIGNEMENTS

Les *alignements* (fig. 2) ne sont qu'une suite de menhirs placés, soit sur une seule ligne, soit sur plusieurs lignes parallèles : ils présentent quelquefois aussi l'aspect d'un quinconce.

Fig. 2.

Quelques antiquaires ont présumé que les alignements étaient des monuments tumulaires, élevés sur les champs de bataille à la mémoire des guerriers tombés pour la défense de la patrie. D'autres ont pensé que ces pierres indiquaient les lieux consacrés aux rites druidiques et aux assemblées populaires. Des archéologues bretons voient dans les alignements de Carnac comme les piliers d'un temple immense, n'ayant d'autre voûte que celle du ciel, et dans lequel se tenaient les assemblées politiques des Gaulois.

« Chaque siècle, dit M. Batissier, a envoyé ses savants pour interpréter ce vaste monument. Ils ont bien pu bâtir des systèmes, mais aucun d'eux n'a encore été assez heureux pour déchirer le voile qui cache l'origine de ces alignements. Si, désespéré du résultat de ses investigations, l'antiquaire interroge les habitants de la contrée, ils lui diront que ces pierres représentent une armée changée en rochers par saint Cornilly : et cette solution du problème vaudra presque toutes celles qu'on a données jusqu'à présent [1]. »

Les deux alignements les plus remarquables par leurs proportions sont ceux de Carnac et d'Ardeven (Morbihan). On estime que celui de Carnac se composait de quatre mille pierres environ. Il y en a encore maintenant de onze à douze cents, hautes de 2 à 7^m, généralement plantées en terre par leur extrémité la plus petite. Les plus grosses peuvent peser jusqu'à quarante mille kilogrammes. Elles sont disposées en onze files parallèles, sur une longueur de 1,100^m environ et une largeur de 100^m.

Près de là, et se rattachant sans doute au précédent par une suite de menhirs actuellement disparus, mais dont on découvre encore les traces, se trouve l'alignement d'Ardeven, composé de neuf files. Des alignements moins vastes se voient à Tour-la-Ville (Manche), à Landaloudec (Finistère), à Plouhinec et à Kercolleoch (Morbihan). Ce dernier a quatre rangs de pierres ; les autres n'en ont que deux.

III

CROMLECHS

Les *cromlechs* (fig. 3) (du celtique *crom*, courbe, et de *lech*, pierre) sont des alignements de menhirs, non plus rangés en lignes droites parallèles, mais placés en forme de cercle, de demi-cercle ou d'ellipse. Un plus grand menhir occupe ordinairement le milieu. — Ces enceintes sont quelquefois formées de plusieurs cercles concentriques ou excentriques et entourées de fossés et de levées de terre : d'autres forment une sorte de labyrinthe sans pierre centrale. On trouve presque toujours un dolmen dans leur voisinage.

On s'accorde à penser que les cromlechs, tout en étant des lieux consacrés aux solennités religieuses, devaient aussi servir de lieu de

---

[1] *Histoire de l'art monumental.*

réunion pour les cours de justice et pour les assemblées militaires.
Peut-être même s'en servait-on pour l'élection des chefs. Ce qui
donnerait quelque poids à cette opinion, c'est que, dans le comté
de Cornouailles, on y fit l'élection des princes jusqu'en 1356. —
Le menhir central était peut-être l'emblème de quelque divinité,
ou bien marquait la place de celui qui devait présider la réunion.

Fig. 3.

Parmi les cromlechs les plus remarquables, nous citerons ceux
de Gellainville (Eure-et-Loir), de Saint-Hilaire-sur-Rille, près de
Fontevrault (Maine-et-Loire), de Menée et de Kermovan (Morbihan). Mais aucune de ces enceintes n'est comparable à celle de
Ston-Henge, en Angleterre, qui se compose de quatre cercles concentriques dont le plus grand mesure environ 31^m de diamètre, ni
à celle d'Avebury, aussi en Angleterre, dont le grand cercle extérieur a 433^m de diamètre et est formé de cent pierres, hautes de
5^m environ et éloignées les unes des autres de 9^m.

IV

DOLMENS

Les *dolmens* (fig. 4) (du celtique *dol*, table, et *men*, pierre)
sont composés d'une pierre plate plus ou moins épaisse, parfois

couverte de figures grossières en creux ou en relief, posée horizontalement sur d'autres pierres fichées en terre et hautes d'environ 1 ^{m}. La pierre plate ou table est souvent un peu inclinée dans le sens de la longueur, et présente à sa surface une sorte de bassins arrondis communiquant entre eux par de petites rigoles qui devaient servir à l'écoulement des libations ou du sang des victimes.

Fig. 4.

Quelques-unes de ces tables sont même traversées d'un trou percé de façon qu'en se plaçant dessous on pouvait être arrosé par les libations ou recevoir un baptême de sang. Certains dolmens ont jusqu'à 15 pierres plantées en terre; mais toutes n'étaient pas en contact avec la table; dans ce cas elles ne servaient probablement que de clôture.

Quelques dolmens n'ont que deux pierres de support; alors ils

Fig. 5.

prennent le nom de *lichaven* (du celtique *lech*, table, et *van*, pierre) ou celui de *trilithe*. (τρείς, trois, λίθος, pierre) (fig. 5).

D'autres ont leur table posée à terre par l'une de ses extrémités : on les appelle *demi-dolmens* ou *dolmens imparfaits* (fig. 6).
Saint-Yvi et Kéryvin (Finistère) possèdent un dolmen de ce genre.

Fig. 6.

Les dolmens , suivant les localités , sont encore appelés *pierre
couverte, pierre de Gargantua, pierre du diable, table du diable, table
des fées.*

On s'accorde généralement à regarder ces monuments comme
des autels sur lesquels on immolait des animaux et même des
victimes humaines. D'après les commentaires de César , on ne
peut douter que les Gaulois n'aient fait des sacrifices humains et
n'aient employé cet horrible moyen de purification. Quant aux tri-
lithes , ils ne furent, selon toute apparence, que des autels d'obla-
tion.

En France et surtout en Bretagne, nous avons encore beaucoup
de dolmens. Nous signalerons ceux de Dollon et de Duneau
(Sarthe), celui de Locmariaker, appelé dans le pays *table des
marchands* (il est couvert de caractères et de moulures énigma-
tiques); ceux de Kercadoret et de Loperhet (Morbihan); ceux
d'Épone, près Mantes (Seine-et-Oise), de Maintenon, de Saint-
Laurent, près Longny (Orne), de Martinvast (Manche).

V

LES ALLÉES COUVERTES

Les *allées couvertes* (fig. 7) se composent de deux rangs de
pierres brutes plus larges et plus hautes qu'épaisses, juxtaposées
les unes aux autres, plantées verticalement dans le sol et recou-

vertes d'autres pierres. Toutes ces pierres sont ajustées entre elles sans ciment et sans attaches. Les allées couvertes sont fermées à l'une de leurs extrémités, ordinairement à celle qui est tournée vers le couchant : par conséquent l'entrée regarde le levant. A l'intérieur, des quartiers de roches simulent quelquefois une sorte de cloison et divisent le monument en plusieurs compartiments.

Fig. 7.

Dans certaines localités, on les nomme *coffre de pierre*, *palais des géants* ou *de Gargantua*, *grotte* ou *roche des fées*, *table du diable*, *table des fées*.

Les avis sont très-partagés sur la destination des allées couvertes. Ces monuments n'auraient-ils point servi de temples et d'habitations sacerdotales ? Peut-être que sur leur plate-forme, comme sur les simples dolmens, on faisait les sacrifices et les cérémonies accessibles à tous, tandis que l'intérieur était un sanctuaire réservé aux initiés et où s'accomplissaient les rites mystérieux.

Les trois allées couvertes les plus remarquables sont : — la *grotte aux fées*, de Bagneux, aux portes de Saumur. Son plan est un rectangle de 19^m 50 de long sur 7^m de large et 3^m de haut. Elle se compose de quinze pierres, dont onze plantées dans le sol et entrant en terre de 3^m, et cinq pour chaque côté. Quatre pierres de différente largeur forment la toiture : la plus grande a 7^m 50 de long sur 7^m de large; l'épaisseur de toutes ces pierres varie de de 0^m 20 à 0^m 80; — la *roche aux fées*, d'Essé, à sept lieues de Rennes, qui a 18^m de long sur 5^m de large ; — la *grotte aux fées*, de Mettray, près Tours.

VI

LES PIERRES BRANLANTES

Les *pierres branlantes* (fig. 8) consistent en deux blocs de pierre dont l'un, posé sur l'autre et auquel il ne touche que par une pointe ou une arête, était équilibré de façon à pouvoir être mis en mouvement sans beaucoup de difficulté. Tantôt la pierre supérieure oscillait, tantôt elle tournait comme sur un pivot.

Fig. 8.

Ces monuments s'appellent encore *pierres branlantes* ou *tournantes, pierres folles, pierres qui dansent, pierres qui virent.*

Beaucoup d'archéologues s'accordent à voir dans ces monuments des pierres probatoires employées à rechercher la culpabilité des accusés. Tout accusé était reconnu coupable s'il ne pouvait mettre en mouvement le rocher mobile. Quelques-uns y ont vu des pierres divinatoires, dont les druides se servaient pour faire connaître les oracles de leurs dieux ; d'autres des idoles de ces divinités.

Ces sortes de pierres sont devenues très-rares en France : on en voit cependant encore à Fermanville, à Lithaire (Manche), à Uchon, près d'Autun, à Livernon (Lot), à Saint-Estèphe (Gironde).

VII

LES TUMULUS

Les *tumulus* ou *tombelles* (fig. 9), en breton *galgals* (de *gal*, petite pierre), et en anglais *barrows*, sont des tertres composés de terre et de cailloux et ordinairement recouverts de gazon. Leurs dimensions sont très-variables : les plus petits peuvent avoir 1^m de hauteur sur 5 à 6^m de diamètre ; les plus grands, ordinairement de forme elliptique, ont jusqu'à 30 et 40^m d'élévation.

Fig. 9.

On y a trouvé, à l'intérieur, des chambres sépulcrales formées au moyen de pierres brutes, avec des dalles et des urnes funéraires, des armes et ustensiles divers, des ossements et des squelettes complets : ce qui enlève toute espèce de doute sur la destination de ces monuments. Ils servaient de lieu de sépulture, soit pour des particuliers, soit pour des familles entières. Du reste, l'usage d'élever des collines factices sur les tombeaux pour les protéger et les immortaliser se retrouve chez tous les peuples.

C'est ainsi qu'au milieu du champ de bataille de Waterloo, les alliés élevèrent une sorte de tumulus sur les dépouilles de leurs morts.

Les plus célèbres sont ceux de Tumiac (Morbihan), qui a 33^m de hauteur et 120^m de circonférence à sa base, celui de Pornic (Loire-Inférieure), celui du Mont-Héleu, près Locmariaker (Morbihan), ceux de Fontenay, de Marmiou, de Condé-sur-Laison (Calvados).

ARCHITECTURE RELIGIEUSE

CHAPITRE I

DES CATACOMBES

C'est dans les Catacombes, dit un illustre archéologue [1], que se trouvent les monuments les plus anciens et les plus authentiques que le christianisme nous ait laissés de son premier âge. C'est même là, si nous en croyons des savants d'une incontestable compétence [2], que l'architecture chrétienne aurait pris naissance. Se livrant uniquement à ses propres inspirations, elle n'eût rien emprunté aux formes de l'art païen.

Les *Catacombes* [3] sont des souterrains creusés par les premiers chrétiens pour y déposer leurs morts, pour y exercer leur culte et y chercher un asile dans les temps de persécution.

Avant d'aborder l'étude des Catacombes dans leurs différentes parties, nous croyons utile de donner un aperçu général, plutôt descriptif que scientifique, de ces hypogées. Cette vue d'ensemble nous mettra à même de mieux saisir ensuite tous les détails.

« On peut se représenter vaguement des labyrinthes souterrains,

---

1. Raoul-Rochette.

2 Bottari, Seroux d'Agincourt, Raoul-Rochette, Marchi.

3 Le nom de Catacombe fut d'abord donné au cimetière de Saint-Sébastien, parce qu'il était placé près des tombes de saint Pierre et de saint Paul, κατά τύμϐων ; le nom de ce cimetière vénéré finit dans la suite par devenir celui de tous les hypogées chrétiens.

presque indescriptibles, dans lesquels cent chemins droits, obliques, brisés, sinueux, serpentent, se coupent ou s'entrelacent à l'infini, les uns impénétrables aujourd'hui, parce qu'à l'extrémité qui aboutit au sentier que vous parcourez, ils sont fermés par des murs ou des monceaux de terre ; les autres vous ouvrant, à droite et à gauche, des profondeurs inconnues, où les pas des visiteurs n'osent point se hasarder... De chaque côté de ces corridors, on a pratiqué dans le mur, pour y déposer les cadavres, des espèces de niches oblongues, placées horizontalement ; elles sont superposées les unes aux autres, de manière à former deux ou trois rangs de sépulcres, parfois six ou sept, et même jusqu'à douze dans les endroits où l'on a travaillé dans des couches de tuf plus hautes. On dirait les rayons d'une bibliothèque où la mort rangeait ses œuvres. Lorsqu'un corps avait été confié à une de ces niches, on la fermait avec des briques, des pierres ou des plaques de marbre. Assez souvent les ouvriers fermaient l'entrée d'un corridor tout entier en même temps qu'ils en creusaient d'autres : la terre provenant des nouvelles galeries servait à clore quelques-unes de celles où les morts étaient au complet, comme on ferme la porte d'un grenier où l'on a entassé autant d'épis qu'il peut en contenir. Plusieurs ont été bouchées beaucoup plus tard, soit par des éboulements, soit à dessein, par mesure de prudence ou de nécessité... Ces galeries mortuaires sont en général étroites, l'air y est épais et lourd, et le terrain presque partout exempt d'humidité. De temps en temps l'espace s'élargit, et vous respirez plus à l'aise en arrivant à des chambres sépulcrales, à des chapelles qui conservent encore des peintures antiques, et quelquefois à un baptistère.

« Dans plusieurs de ces cimetières, il y avait de distance en distance des soupiraux carrés qui faisaient pénétrer·un peu de lumière dans quelques chambres de la Rome souterraine[1]. »

Après cet aperçu général des Catacombes, étudions à présent en détail leur origine, leur destination, leur plan et leur ornementation.

[1] Mgr Gerbet, *Esquisse de Rome chrétienne*, I.

I. Origine. — L'origine des Catacombes a été pendant longtemps le sujet d'une grande controverse. D'anciens archéologues prétendaient que les Catacombes n'avaient été que de simples sablonnières (*arenaria*) creusées par les païens et dont les chrétiens se seraient emparés pour s'y retirer au temps des persécutions, quand une fois elles avaient été abandonnées. D'autres, au contraire, soutenaient que les Catacombes étaient l'œuvre exclusive des chrétiens. Enfin, le savant P. Marchi, tenant de cette dernière opinion, a définitivement clos la controverse par une suite de démonstrations indiscutables, qu'il a publiées en 1840.

Voici le résumé de ses démonstrations. Il prouve l'origine exclusivement chrétienne des Catacombes : 1° par la nature du terrain où elles ont été ouvertes ; 2° par la manière même dont elles ont été creusées.

1° *La nature du terrain.* — Le sol de la campagne romaine est formé en grande partie d'une matière volcanique qui s'y présente à trois états différents : à l'état de simple *pouzzolane*, roche sablonneuse rouge, dont on se sert pour la fabrication du ciment romain ; à l'état de *tuf lithoïde*, qui, comme son nom l'indique (λίθος, pierre), a la dureté de la pierre et peut être employé comme assise ou comme base dans les grands édifices ; à l'état de *tuf granulaire*, matière friable qui se creuse facilement.

Or les païens ont exploité les deux premières couches : celle du *tuf lithoïde*, parce que sa pierre était propre aux constructions par sa dureté et par sa force de résistance aux intempéries de l'air ; celle de la *pouzzolane*, parce qu'elle constituait un excellent ciment[1]. Ils n'ont pas touché à la couche du *tuf granulaire*, parce qu'elle ne pouvait leur être d'aucune utilité, sa nature granuleuse ne permettant pas de s'en servir comme de sable, et son peu de consistance la rendant impropre à une construction quelconque.

Les chrétiens, au contraire, ont évité systématiquement les deux premières couches pour rechercher la troisième. Ils n'ont

---

[1] Les païens appelaient *latomiæ* (latomies) les excavations qu'ils creusaient pour l'extraction du tuf lithoïde, et *arenariæ* (sablonnières) celles qu'ils ouvraient pour l'extraction de la pouzzolane.

voulu ni du tuf lithoïde ni de la pouzzolane, parce qu'il eût été trop difficile, pour ne pas dire impossible, de creuser dans l'un comme dans l'autre ces immenses galeries et ce nombre infini de sépultures qu'on y rencontre. Ils ont, au contraire, choisi le tuf granulaire, parce qu'il offrait assez de consistance pour qu'on pût y pratiquer les ouvertures nécessaires, et pas trop de dureté pour qu'il fût facile de les creuser.

2° *La manière dont elles ont été creusées.* — En effet, si les Catacombes avaient été primitivement des carrières, on en aurait extrait le plus de matériaux possible et avec le moins de difficultés qu'on eût pu. Or c'est précisément le contraire qui a eu lieu : on a extrait le moins de matériaux possible, sans penser le moins du monde à prendre le mode et les moyens habituellement employés pour une exploitation de pierres et de sable. Il suffit d'une seule visite dans les Catacombes pour se convaincre de ces deux choses.

(a) D'abord les couloirs sont tellement étroits (ils varient de 75^c à 1^m) qu'on est forcé d'y marcher un à un ; ensuite on a tellement ménagé les ouvertures destinées aux cadavres, que souvent on a laissé moins d'espace du côté des pieds que du côté de la tête ; enfin, les terres qu'on a extraites sont souvent jetées dans des galeries comblées déjà de cadavres, au lieu de les transporter au dehors, pour les vendre, comme cela se pratique dans toutes les carrières. — (b) Ces galeries, que nous disions tout à l'heure n'avoir que 1^m au plus, n'ont pu donner passage aux bêtes de somme et aux chariots nécessaires pour les transports. De plus, les galeries se coupent à angles droits ; chose inadmissible si elles eussent servi de passage aux chariots, ceux-ci demandant, pour tourner facilement, des galeries qui se coupent en courbes, comme cela se voit du reste dans toutes les anciennes sablonnières. Enfin, les Catacombes ont jusqu'à quatre et cinq étages superposés, et cependant on ne trouve aucun puits d'extraction. Des escaliers très-souvent abruptes et difficiles sont le seul moyen d'y arriver.

Mais on objectera peut-être que les chrétiens, suspects, proscrits, hostiles aux antiques croyances, n'ont pu impunément, sans que la police romaine intervînt, creuser pendant trois siècles, aux portes de Rome, un immense réseau de rues souterraines ? Nous répondrons encore avec le P. Marchi que c'était là une chose fort facile, attendu que jamais, avant l'année 257, l'autorité n'inquiéta les chrétiens pour ce motif; même sous Néron et Domitien, la persécution ne s'étendit pas aux tombeaux. L'explication de ce fait, en apparence si étrange, est bien simple : c'est qu'on ne respecta jamais rien tant à Rome que les tombeaux; ils étaient sous la protection de la loi, qui tenait pour sacré le lieu où il y avait une sépulture, et défendait qu'il pût être vendu. Ce respect s'étendait à tous les cultes : ainsi on connaît deux catacombes juives, celle du Transtévère et celle de la voie Appienne. C'était donc là un *droit commun* dont les chrétiens usèrent, comme les autres citoyens, en toute liberté.

Un autre point qui n'a pas été assez remarqué, c'est un usage qui existait à Rome et d'après lequel celui qui se faisait construire un tombeau désignait d'avance les gens qu'il voulait y admettre avec lui. Il le partageait avec sa famille; s'il était généreux, il y recevait ses clients et ses affranchis. M. de Rossi pense que plusieurs catacombes ont ainsi commencé par être des tombeaux particuliers, possédés par de riches chrétiens, et dans lesquels, à la place de leurs affranchis, ils auraient admis leurs frères. Ce qui le prouverait, c'est qu'on les appelait ordinairement d'un nom propre qui n'était pas celui des martyrs ou des confesseurs qui y étaient ensevelis, mais celui du propriétaire qui avait acheté le terrain. Ainsi, une des plus anciennes sépultures chrétiennes resta constamment sans atteinte parce qu'elle était la propriété d'un membre de la famille des Flavius : *prædium Domitillæ* [1]. Or il est bien constaté que, même aux plus mauvais jours, l'inviolabilité du domicile et de la propriété fut respectée, surtout quand le nom et le rang du possesseur pouvait en imposer aux tyrans.

Il faut donc conclure que les Catacombes sont l'œuvre exclusive des chrétiens. Ce qui a pu induire en erreur les premiers archéologues sur leur fausse origine, c'est d'abord la dénomination

---

[1] Nous avons emprunté en partie ce résumé au *Guide du voyageur catholique dans la capitale du monde chrétien*, par M. le chanoine de Bleser.

d'*arenariæ*, qu'on leur donnait quelquefois, et ensuite leur entrée qui souvent, en effet, se trouvait dans des sablonnières. Mais ce nom d'*arenariæ* leur venait précisément de cette situation de leur ouverture ; situation que d'ailleurs on choisissait à dessein pour dissimuler, autant que possible, leurs différentes entrées [1].

II. Destination. — Ainsi que le prouvent les détails que nous donnerons tout à l'heure, dans le paragraphe suivant, les Catacombes eurent une double destination : elles servirent aux premiers chrétiens et de lieux de sépulture, et de lieux de retraite.

1° Une longue dissertation n'est nullement nécessaire pour établir ce premier point. Le nombre incalculable des tombeaux qui tapissent toutes les parois des Catacombes, indique d'une manière incontestable que telle était leur première et principale destination. Le P. Marchi estime à six millions le nombre des tombeaux des Catacombes. On fait monter jusqu'à soixante-quatorze mille, dit Mgr Gerbet, le nombre des martyrs dont les corps ont été successivement déposés dans le seul cimetière de Saint-Callixte.

2° Sur le second point, le doute ne se justifie pas davantage : à peine un édit de persécution était-il publié, qu'on voyait les chrétiens disparaître et chercher un asile dans leurs souterrains pendant toute la durée de l'orage. Lors même qu'un peu de tranquillité succédait à la tempête, ils y allaient encore cacher leurs mystères, recevoir les sacrements, entendre la parole divine, s'édifier mutuellement, s'encourager à la vertu, et même, Dieu le demandant, au martyre. Les églises, les autels, les fontaines baptismales que nous retrouvons encore aujourd'hui dans les Catacombes en font foi. L'histoire des trois premiers siècles établit de son côté qu'ils y couraient en foule, et que les pasteurs en donnaient eux-mêmes le conseil et l'exemple. « Venez, assemblez-vous dans les cimetières, disait le pape saint Clément, pour lire les livres sacrés, chanter les hymnes en l'honneur des martyrs et de tous les saints sortis de ce monde, prier pour vos frères morts dans le Seigneur,

---

1 Des inscriptions qu'on a découvertes ces derniers temps indiquent que chaque cimetière avait au moins deux entrées, une pour les hommes et l'autre pour les femmes.

offrir dans vos églises et dans vos cimetières l'Eucharistie agréable
à Dieu, accompagner aux chants des psaumes ceux qui meurent
pour la foi. » Tous les premiers papes jusqu'à saint Caïus y
établirent leur séjour habituel ; et ce dernier s'y tint même caché
pendant huit ans.

III. PLAN. — On peut distinguer dans les Catacombes trois
parties différentes : 1° les *passages* ; 2° les *chambres* ou *cubicula* ;
3° les *églises*.

1° *Les passages*. — Ce sont de longues et étroites galeries dont
les parois sont taillées avec assez de régularité : leur largeur,

Fig. 1.

comme nous l'avons vu plus haut, varie de 75ᶜ à 1ᵐ, de sorte
que deux personnes ont peine à y passer de front. Le plus souvent
elles sont droites sur une assez grande longueur ; mais elles sont
à chaque instant coupées par d'autres allées qui le sont elles-
mêmes à leur tour. Leurs parois sont remplies du haut en bas de

loculi, c'est-à-dire de tombeaux en forme de niches ou gaînes oblongues, dans lesquelles les corps sont couchés horizontalement comme dans un lit (fig. 1 et 2). Ces loculi sont disposés les uns au-dessus des autres par rangs plus ou moins multipliés (depuis trois jusqu'à onze), selon le plus ou moins d'élévation des galeries et de consistance de la roche. L'intérieur de chaque *loculus,* qu'on appelle encore simplement *locus,* est d'ordinaire plus profond et plus haut du côté de la tête et des épaules que du côté des pieds. Si la niche est destinée à deux corps, la profondeur est double; pour trois ou quatre, elle est plus spacieuse encore. Dans ce cas, on la nommait : *locus bisomus, trisomus, quadrisomus,* c'est-à-dire *bisome, trisome, quadrisome* [1].

Lorsque le corps était couché dans son étroite cellule, l'entrée en était hermétiquement fermée par une plaque de marbre ou par plusieurs grandes briques ou tuiles, habituellement au nombre de trois, liées ensemble avec du ciment (fig. 2). Quelquefois on

Fig. 2.

gravait sur le marbre ou on écrivait sur le mortier encore frais des épitaphes, soit en latin, soit en grec, parfois en ces deux langues réunies, indiquant le nom du défunt, son âge, le jour de sa *déposition.* En voici trois exemples :

CONSTANTIA FECIT SIBI VIVA

LOCVM

« Constance s'est fait à elle-même de son vivant ce *loculus.* »

---

[1] Les archéologues modernes emploient le mot *polyandre* pour désigner une sépulture collective dépassant le nombre quatre.

HIC EST LOCVS QVEM SE VIVA

GENTIA BISOMV COMPARAVIT

« C'est ici le lieu que, de son vivant, Gentia a acheté pour deux tombes. »

M ANTONI

VS RESTVTV

S FECIT YPO

CEV SIBI ET

SVIS FIDENTI

BVS IN DOMINO

« Marcus Antonius Restitutus a construit cet hypogée pour lui et les siens qui espèrent dans le Seigneur. »

Cependant le plus grand nombre ne portaient pas d'épitaphes. Quand le corps était celui d'un martyr, on incrustait dans une excavation creusée en dehors du tombeau une petite fiole remplie de son sang, ou encore on gravait une simple palme, quand le martyr avait été ou brûlé, ou noyé, ou étouffé.

2° *Les cubicula.* — Ce sont des sortes de chambres, de formes plus ou moins régulières : les unes sont rondes, plusieurs triangulaires, pentagones, le plus grand nombre carrées. Quelques-unes recevaient la lumière par une ouverture verticale ou oblique pratiquée dans la voûte et donnant sur la campagne. Cette ouverture s'appelait *lucernaire* ou *luminaire* (*luminare cryptæ*). Mais la

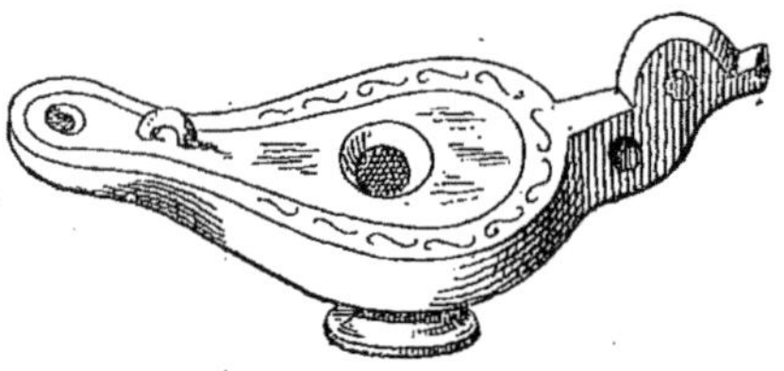

Fig. 3.

plupart étaient obscures ; elles n'étaient éclairées que par de petites lampes en bronze ou en argile (fig. 3), suspendues aux voûtes ou placées dans de petites cavités qu'on voit encore par centaines, ou bien posées sur des briques ou des fragments de marbre scellés en saillie dans les parois. Ces lampes étaient aussi employées comme ornements funéraires et brûlaient souvent en l'honneur des martyrs devant leurs tombeaux.

Les *cubicula* étaient simplement des chambres sépulcrales, remarquables surtout par la présence du tombeau d'un ou de plusieurs martyrs. Ce qui explique le grand nombre des *loculi* qui s'en disputent, pour ainsi dire, les parois : une pieuse ambition pressait les fidèles de reposer, eux et les leurs, près de ces restes vénérés ; c'est ce qu'ils appelaient être ensevelis *ad martyres, ad, ante, supra* ou *retro Sanctos*. Et même tel était cet empressement, que parfois, lorsque le *cubiculum* était trop petit, on creusait des *loculi* dans les passages environnants, en ayant soin d'indiquer par une inscription qu'ils appartenaient au *cubiculum* voisin; témoin cette inscription trouvée par le P. Marchi :

LOCA ADPERTINENTES [1] AD CVBICVLVM GERMVLANI

Le tombeau du martyr, à cause de sa forme particulière, s'appelait *arcosolium* [2] ou *monumentum arcuatum*, monument arqué (fig. 4). A la différence des autres tombeaux dont l'ouverture était sur le côté, il s'ouvrait sur le dessus, de sorte que pour le creuser le *fossor* [3] était auparavant obligé d'ouvrir au-dessus une tranchée qui lui fournît la place nécessaire pour travailler. Or cette tranchée était toujours faite en forme d'arc : de là l'expression *arcosolium*, ou *sépulcre* surmonté d'un *arc*.

Une raison autre que la commodité du travail pour le fossor explique encore cet espace vide au-dessus du tombeau proprement

---

[1] Nous croyons devoir faire remarquer qu'on ne doit pas trop s'étonner de rencontrer des fautes de grammaire dans les inscriptions des catacombes, attendu que les *fossores* étaient des gens du peuple sans beaucoup d'instruction.

[2] Les anciens appelaient *s olium* les urnes où ils recueillaient les cendres de leurs morts ; les chrétiens désignèrent du même nom les sarcophages qui contenaient les restes des martyrs.

[3] Les *fossores* étaient des hommes désignés pour creuser les loculi et chargés en général des sépultures. Quelques auteurs pensent qu'ils formaient un *ordre* à part dans la hiérarchie de la primitive Église.

dit : c'est que ces tombeaux servaient d'autels pour le saint sacrifice de la Messe, au moins le jour anniversaire du triomphe du
martyr dont ils contenaient les restes. Dans ce dernier cas, l'arcosolium prenait souvent le nom de *confessio*, *martyrium*, *memoria*;

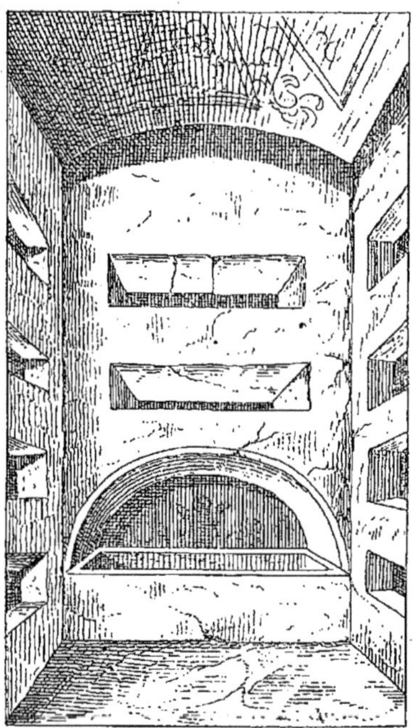

Fig. 4.

appellation qui a été conservée pour les autels de nos basiliques
élevés sur le corps d'un martyr. C'est ainsi qu'on dit : la confession de Saint-Pierre, de Saint-Paul, de Saint-Laurent, de Sainte-
Cécile, dans les basiliques de ce nom. — C'est encore en souvenir
de cet usage primitif que nos autels actuels sont en forme de
tombeau, et que le saint sacrifice ne peut être offert que sur une
pierre contenant des reliques de quelques saints [1]. Piété touchante

---

[1] L'autel de Saint-Jean-de-Latran, à Rome, qui renferme la table où
célébrait saint Pierre, est le seul autel du monde qui ne contienne pas de
reliques proprement dites.

4

de l'Église, qui veut que le corps du Saint des saints ne puisse reposer que sur celui des saints. L'espace vide circonscrit par l'arc surmontant le tombeau était ordinairement orné de peintures. Parfois aussi quelques loculi, par suite de ce désir qu'avaient les chrétiens, comme nous le disions précédemment, de reposer après leur mort près des martyrs, étaient creusés dans ce vide. Nous ajouterons encore une troisième raison de cette forme arquée. Les tombeaux des premiers martyrs n'auraient-ils point été creusés de cette façon en souvenir du tombeau de leur divin Chef, Notre-Seigneur, qui a précisément cette disposition ?

Il faut cependant observer que de simples fidèles, plus riches et plus aisés que le commun, se faisaient creuser pour eux et pour les leurs des *tombeaux arqués*, plus somptueux que les loculi ordinaires. Mais alors, au lieu d'être placés dans les cubicula, ils étaient presque toujours dans les passages. Alors encore, au lieu d'être élevés seulement à la hauteur d'une table, comme ceux des martyrs, de manière à ce qu'on pût offrir dessus le saint Sacrifice, ils étaient creusés à une hauteur qui ne permettait pas d'accomplir aucun rite sacré sur la table de marbre ou de pierre qui les recouvrait.

C'est aussi dans les cubicula que se faisaient les *agapes*[1]. On y a trouvé des peintures et divers objets, entre autres des verres à boire historiés, c'est-à-dire couverts d'inscriptions et de personnages[2], qui prouvent d'une manière certaine cette destination.

3° *Les églises.* — Les églises se composaient de deux chambres ou cubicula, séparées entre elles par un passage, de telle sorte que leurs portes se trouvaient en face l'une de l'autre. Ordinaire-

---

1 Les agapes (du mot grec αγάπη, qui signifie amour, charité) étaient des repas fraternels qui, dès le temps des apôtres (I Cor., xi, 20), se donnaient entre les fidèles dans certaines circonstances : à l'occasion du triomphe des martyrs *(agapes natalitiæ)*; à l'occasion des mariages *(agapes connubiales)*; à l'occasion des funérailles *(agapes funerales)*. Des agapes avaient aussi quelquefois lieu le jour anniversaire de la dédicace d'une église.

2 Beaucoup de ces verres offrent des symboles relatifs à la résurrection : ils devaient servir dans les agapes funéraires. D'autres représentant deux époux en pied ou en buste servaient, selon toute probabilité, dans les agapes matrimoniales.

ment d'une grande simplicité, elles étaient cependant quelquefois, surtout dans les parties qui avoisinaient l'autel, revêtues de stuc et décorées de colonnes, de pilastres, de peintures, et d'autres ornements sculptés dans la roche elle-même. L'arcosolium qui servait d'autel était creusé à l'extrémité de la chambre principale, à moins que cette place ne fût occupée par la *chaire* de l'évêque. Dans ce cas, l'arcosolium manquait, ou il se trouvait trop élevé pour que les saints mystères pussent y être célébrés. On les célébrait sur un autel portatif que l'on plaçait ordinairement au milieu du cubiculum.

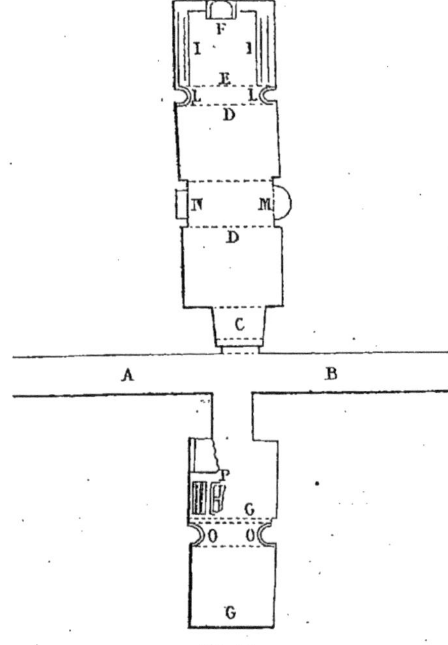

Fig. 5.

Pour donner une idée aussi complète que possible des églises des Catacombes, nous traçons (fig. 5) le plan d'une de ces églises, découverte en 1842, par le P. Marchi, au cimetière de Sainte-Agnès [1].

[1] Ce plan, ainsi que son explication, sont tirés du savant dictionnaire des *Antiquités chrétiennes*, par M. l'abbé Martigny.

A et B. Deux couloirs opposés conduisant l'un et l'autre à l'église.

C. Porte avec seuil, chambranles[1] et architraves de travertin, donnant accès à la partie la plus ample de l'église. Le P. Marchi établit de la manière la plus plausible ce fait intéressant que, dans les primitives assemblées des fidèles, les sexes étaient déjà séparés, comme ils le furent plus tard dans les basiliques proprement dites. Dans l'espace marqué par les lettres D D, il croit reconnaître la salle destinée aux hommes, et celle des femmes dans le compartiment G G : on y arrivait par des escaliers et deux corridors distincts.

E. Marque le chœur ou *presbyterium ;* c'est là probablement qu'on plaçait un autel portatif pour la liturgie : car la chaire étant adossée à l'arcosolium, celui-ci ne pouvait servir d'autel.

F. Chaire pontificale.

I I. Siéges des prêtres et des clercs qui assistaient le pontife dans la liturgie ; siéges dans l'épaisseur desquels sont pratiqués des loculi pour les enfants.

L L. Colonnes sculptées dans le tuf, et revêtues de stuc, destinées à servir d'ornement au *presbytère* et à marquer la limite qui le sépare de la nef.

M N. Deux niches, l'une curviligne, l'autre rectiligne, pour recevoir des statues.

O O. Colonnes d'ornement semblables à celles du presbytère, et peut-être destinées à séparer les diaconesses d'avec les autres femmes.

P. Vestiges des marbres dont le pavé était partout revêtu.

Le P. Marchi distingue deux sortes d'églises : les petites, qu'il désigne sous le nom de *cryptes*, et les plus grandes, qu'il appelle proprement *églises*.

Nous ne devons pas omettre que dans plusieurs catacombes, par exemple dans une église du cimetière de Saint-Hermès et dans les grottes Pontiennes, on a trouvé des citernes ou fontaines disposées de façon à servir de *baptistères* pour l'administration du sacrement de baptême.

---

1 On appelle *chambranle* un bandeau simple ou orné entourant la baie d'une porte, d'une fenêtre.

IV. ORNEMENTATION. — A cause, sans doute, du peu de consistance du tuf granulaire, qui rendait la sculpture à peu près impossible, la peinture fut presque exclusivement employée pour la décoration des Catacombes. On trouve surtout ces peintures aux parois
et aux voûtes des cubicula et des églises. Moins remarquables, il
est vrai, par la correction du dessin et le coloris des couleurs que
par l'élévation des idées qu'elles représentent, elles étaient cependant pour les premiers chrétiens un moyen très-efficace d'instruction et un sujet puissant de consolation et d'édification.

Les premiers artistes chrétiens allèrent surtout demander leurs
inspirations à l'Ancien et au Nouveau Testament. Depuis la création d'Adam jusqu'à la venue du Messie, depuis la naissance de
Jésus-Christ jusqu'à son Ascension, les principales scènes, les
grands faits de l'histoire religieuse de l'humanité sont représentés.

Cependant, comme tout était mystère dans ces hypogées, elles-
mêmes si mystérieuses, comme on devait se garder de livrer sans
raison les croyances et les rites sacrés du christianisme à l'impiété
et aux profanations du paganisme, leurs compositions furent souvent allégoriques. Tantôt c'est un berger, les épaules chargées de
la brebis égarée, figure de Jésus-Christ venu pour sauver les
pécheurs ; tantôt un agneau immolé, image de Jésus-Christ crucifié ; ici une fontaine, emblème de Jésus-Christ, source de tout
don parfait ; là des grappes de raisin mêlées à des épis, symbole
du corps et du sang de Jésus-Christ dans l'Eucharistie. Saint
Damase a réuni en quelques vers les dessins allégoriques des
Catacombes :

> Spes, via, vita, salus, ratio, sapientia, lumen,
> Judex, porta, gigas, rex, gemma, propheta, sacerdos,
> Messias, Zeboot, Rabbi, Sponsus, mediator,
> Virga, columna, manus, petra, filius, Emmanuelque,
> Vinea, pastor, avis, pax, radix, vitis, oliva,
> Fons, paries, agnus, vitulus, leo, propitiator,
> Verbum, homo, rete, lapis, domus, omnia Christus.

Mais de tous ces symboles, aucun ne fut plus universel que le
poisson. On trouve à chaque instant, soit son image, peinte, gravée
ou sculptée, soit l'inscription de son nom en grec : Ἰχθύς. Et la

raison en est que dans cette seule image, dans ce seul mot dont le sens caché était complétement inconnu des profanes, le chrétien avait toute l'histoire de sa religion et le résumé de ses devoirs et de ses espérances. En effet, chaque lettre du mot grec fournit les initiales des cinq mots suivants : Ι, Ἰησοῦς; Χ, Χριστός; Θ, Θεοῦ; Υ, υἱός; Σ, σωτήρ, Jésus-Christ, Fils de Dieu, Sauveur.

Rien n'est encore plus fréquent dans les Catacombes que le monogramme du Christ, qui avait le double avantage de donner, sans le trahir, le nom du divin Crucifié, et de représenter, sans blesser les préjugés des nouveaux convertis, l'instrument de son supplice. Voici les deux formes les plus usitées :

Enfin, on rencontre parfois les images de la Mère de Dieu, de saint Pierre et de saint Paul, de tous les Apôtres, de quelques martyrs [1] et aussi de simples fidèles dans l'attitude de la prière. Ceux-ci sont debout, les mains étendues en forme de croix, et un peu élevées vers le ciel, en mémoire, dit Tertullien, de la passion de Notre-Seigneur [2]. On donne vulgairement à ces figures le nom d'*orantes*.

L'histoire, d'accord avec toutes les découvertes faites jusqu'à nos jours, porte à vingt-six le nombre des grands cimetières. Il faut en ajouter une quinzaine d'autres moins étendus. Le P. Marchi a compté que, si tous les passages des Catacombes étaient placés les uns après les autres, ils formeraient une galerie d'environ trois cents lieues, la longueur de l'Italie tout entière.

Nous ne citerons dans cet abrégé que les Catacombes les plus célèbres de Rome : celles de Saint-Callixte, de Saint-Sébastien, de Prétextat, de Domitille, de Pontien, appelées encore grottes Pontiennes, de Commodille, de Lucine, de Priscille, de Cyriaque.

On a aussi retrouvé des Catacombes, ou au moins des cryptes souterraines, dans l'Italie entière, en France, en Allemagne. Car il faut remarquer que, dans tous les pays, à l'approche de la persécution, les chrétiens étaient partout obligés d'aller demander un

---

1 « Il est certain, dit saint Basile, que les images sacrées de Notre-Seigneur, de la sainte Vierge et des Apôtres, peintes dès le commencement, sont parvenues jusqu'à nous. » (*Orat. contr. Julian.*)

2 *De Orat.*, XI.

asile aux entrailles de la terre. Mais ces cryptes n'offrent, en
général, que peu d'intérêt au point de vue archéologique.

Les cryptes les plus anciennes que nous possédions en France, et
qui remontent aux premiers siècles de l'ère chrétienne, sont celles
de Lyon, d'Agen, de Montmajour, près d'Arles.

V. HISTORIQUE. — Pour compléter cette étude sur les Catacombes, nous ajoutons un cinquième paragraphe sur leur historique.

L'histoire des Catacombes peut se diviser en trois périodes
principales : la période de formation, la période des pèlerinages
et des restaurations, et la période des explorations scientifiques.

1° La période de *formation* embrasse les quatre premiers siècles.
Ce fut pendant ces quatre siècles que toutes les Catacombes furent
creusées. Celles qui furent ouvertes durant le premier siècle ne
furent pas considérables, et leurs tombeaux relativement peu nombreux. Aux second et troisième siècles elles furent successivement
agrandies, et plusieurs nouvelles vinrent s'adjoindre aux anciennes.
M. de Rossi, dans sa *Roma soterranea*, porte à vingt-six le nombre
des Catacombes creusées avant la conversion de Constantin, ajou-
tant que l'usage d'ensevelir les *fidèles* dans ces cimetières ayant
continué même lorsque ce prince eut donné la liberté et la paix à
l'Église, on en ouvrit encore cinq nouveaux. Enfin dans le courant
du quatrième siècle on vit le nombre des sépultures souterraines
diminuer peu à peu, à mesure que les tombeaux à la surface du
sol se généralisèrent.

2° La période des *pèlerinages* et des *restaurations* s'étend du
quatrième au neuvième siècle. A partir du commencement du
cinquième siècle, les Catacombes cessèrent de servir de lieux de
sépulture. Mais en revanche elles devinrent des centres de dévotion
très-fréquentés, où affluaient les pèlerins de tous les pays, avides de
vénérer les restes des martyrs et d'assister au divin Sacrifice qui se
célébrait sur leur tombeau, le jour anniversaire de leur *déposition*.
Alors, les souverains pontifes, voulant entretenir et encourager ce
saint zèle, entreprirent, pour les rendre plus accessibles, d'en
restaurer les parties les plus délabrées par le temps ou dévastées
par les barbares. Ils firent pratiquer des entrées larges et des

escaliers plus commodes, multiplier les luminaires pour faire pénétrer l'air et la lumière dans les souterrains; ils ordonnèrent la construction de voûtes et de murailles qui devaient prévenir les éboulements et soutenir les édifices élevés à la surface du sol.

Mais les ravages des barbares devenant plus fréquents et plus terribles, le pape Paul I décida, en 756, d'ouvrir les tombeaux des martyrs les plus vénérés, afin d'en retirer les corps saints et de les distribuer aux différentes églises de Rome. En 817, le pape Pascal I, obligé de suivre l'exemple de son prédécesseur, fit transporter à l'église de Sainte-Praxède les corps de deux mille trois cents martyrs. « Après ces translations solennelles, dit M. de Rossi, les Catacombes furent considérées, à Rome même, comme ne renfermant plus de reliques de grands saints. » En effet, à dater du milieu du neuvième siècle, nous voyons les Catacombes tomber dans un oubli si complet qu'à peine en est-il fait mention dans les écrits des auteurs ecclésiastiques.

3° Le commencement de la période des *explorations scientifiques* doit se placer vers la fin du seizième siècle. Ce fut à cette époque qu'un cimetière souterrain, découvert par des ouvriers occupés à extraire de la pouzzolame dans une vigne située à deux milles de Rome, attira l'attention de toute la ville, à cause surtout des peintures dont il était orné et des tombeaux qu'il contenait. Dès ce moment, les savants et les artistes se mirent à étudier les Catacombes, à en copier les peintures et les épitaphes, à en recueillir les objets précieux, et ces explorations continuèrent avec plus ou moins d'ardeur jusqu'au milieu du dix-huitième siècle. Alors le silence se fit de nouveau, et ce n'est que depuis une trentaine d'années que les explorations ont recommencé plus sérieuses et plus actives que jamais, sous l'inspiration et l'impulsion du savant P. Marchi, de la Société de Jésus, et des deux de Rossi, ses dignes continuateurs.

Les principaux explorateurs qui les avaient précédés et comme ouvert le chemin sont le P. Ciacconius, de l'ordre de Saint-Dominique, le premier de tous; puis le célèbre Bosio, qui, à cause de ses immenses travaux sur les Catacombes, fut surnommé le Christophe Colomb de Rome souterraine; puis Boldetti, Bottari, etc.

CHAPITRE II

DES BASILIQUES

Pendant les trois premiers siècles, les chrétiens durent, dans les intervalles de paix quelquefois assez considérables que leur laissaient les persécutions, se réunir pour l'exercice de leur religion, tantôt dans des oratoires privés, tantôt dans de véritables églises.

Les Actes des Apôtres [1] et ceux de plusieurs martyrs [2] parlent de ces *oratoires privés*, qui n'étaient que des chambres, plus ou moins ornées, de maisons particulières. Plusieurs édits des empereurs [3], les Actes de certains martyrs [4], l'Histoire d'Eusèbe [5], attestent pareillement l'existence des *églises*. L'empereur Adrien, après avoir lu l'apologie de saint Quadratus, permit aux chétiens de bâtir des églises : elles prirent même, à cause de cela, le nom d'Adrianées. Optat de Milève [6] rapporte que sous Gallien, les églises, dans la seule ville de Rome, étaient au nombre de quarante.

Mais si l'existence de ces églises est un fait incontestable, on doit ajouter qu'il n'est resté aucune donnée sur leurs formes

1 I, 13 ; xx, 8, etc.
2 *Act. S. Pontii. Act. S. Pudentianæ.*
3 Sévère Alexandre, Gallien, Dioclétien.
4 *Act. S. Theodotii.*
5 *Hist. eccl.,* viii, 2.
6 *De Schism. Donat.,* I, ii.

— 58 —

architectoniques. Il faut aller jusqu'au IVe siècle, pour trouver les premiers monuments dignes des études de l'archéologue, à savoir : les *basiliques.*

Les *basiliques* sont donc, à proprement parler, les premiers monuments que les chrétiens élevèrent au grand jour pour l'exercice public de leur culte.

Avant le IVe siècle, le mot *basilique* ne fut pas employé pour désigner le lieu où se réunissaient les chrétiens. Au témoignage de saint Paul [1], de Tertullien [2], de saint Jean Chrysostome [3], on se servit du mot *église*, ou encore du mot *dominicum* (en grec κυριακόν, maison du Seigneur), comme le disent saint Cyprien [4] et saint Jérôme [5].

Tout porte à croire que ce fut seulement sous Constantin que les églises prirent le nom de basiliques, alors que cet empereur, converti au christianisme, concéda aux évêques plusieurs basiliques profanes pour y exercer leur culte. Et à ce propos, il nous semble que cette nouvelle dénomination et cette concession, ainsi que la parfaite ressemblance de la basilique religieuse avec la basilique profane, infirmerait un peu l'opinion de ceux qui, comme nous l'avons dit au commencement du chapitre précédent, voient, dans les églises des Catacombes, de nouvelles formes architectoniques inventées et exclusivement employées par les chrétiens. Au contraire, les premiers chrétiens, habitués à vivre au milieu de ces sortes d'édifices et familiarisés avec leurs formes [6], n'y auraient-ils pas plutôt puisé, peut-être même sans s'en douter, les idées premières de leur architecture, et n'auraient-ils pas porté dans les Catacombes le plan et les dispositions principales de ces basiliques?

Comparons plutôt ensemble la basilique religieuse et la basilique profane. Nous remarquerons au premier coup d'œil la ressem-

---

1 *I Cor,* XI, 22.
2 *De Pudicit.,* IV. *De Veland. virgin.,* XIII.
3 *Epist.* LV, *ad Cornel.*
4 *De Op. et eleem.*
5 *In Chronic. olym.,* 176, *an.* III.
6 Ce fut l'an 186 avant Jésus-Christ que fut construite, à Rome, par Caton l'Ancien, la première basilique profane. On la nomma pour cette raison *Basilica Porcia,* du nom de race de son fondateur.

blance, pour le moins extraordinaire, qui existe entre elles, ressemblance inexplicable pour ceux qui voient dans leur construction deux principes différents.

Les *basiliques* [1] *païennes*, dit un ancien auteur, étaient de vastes édifices publics, entourés de larges portiques et ordinairement bâtis sur les *forums*, où le peuple trouvait un abri contre les intempéries des saisons, pour traiter commodément ses affaires, soit judiciaires, soit commerciales, ou même pour se promener. C'était nos bourses, nos halles, nos tribunaux de commerce actuels.

Les premières basiliques furent d'abord à ciel ouvert, formées seulement d'un péristyle [2] de colonnes; plus tard elles furent couvertes et fermées par des murs percés de larges fenêtres cintrées. Le sommet de la façade était orné d'une petite fenêtre ronde appelée *oculus*. Toujours, cependant, elles se firent remarquer à l'extérieur par une très-grande simplicité; on ne voyait ni sculptures, ni colonnes, ni même archivoltes. Elles formaient un parallélogramme deux ou trois fois plus long que large (fig. 1); deux rangs de colonnes ordinairement d'ordre corinthien, supportant des arcades, la divisaient en trois nefs, A, B B [3]; celle du milieu était plus haute et plus large que les deux autres. Celles-ci

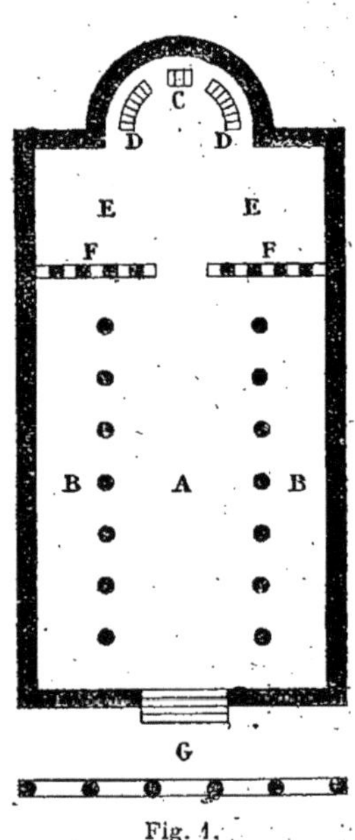

Fig. 1.

étaient partagées en deux parties dans le sens de leur hauteur, de manière à former une sorte de galerie supérieure.

<hr>

1 La basilique (de βασιλεύς, roi) était ainsi appelée, soit parce qu'elle était quelquefois placée dans le voisinage de la demeure des Césars, soit plutôt parce que ses vastes proportions rappelaient celles d'un palais royal.

2 Les Romains appelaient péristyle (du grec περί, autour, et στύλος, colonne) toute galerie en colonnades construite autour d'une cour.

3 La basilique de Trajan en avait cinq.

A l'extrémité de la nef centrale, dans un enfoncement semi-circulaire, voûté en forme de coquille, et que les Romains appelaient pour cela *concha* ou *absis* (du grec ἀψίς, voûte, cintre), s'élevait le tribunal du juge, C, et de chaque côté les siéges des juges assesseurs, D D. — Puis venait la place des gens de loi, E, tels que : avocats, greffiers, huissiers, etc. Ces deux parties étaient ordinairement ornées de statues et de sculptures. — Enfin, la troisième partie, c'est-à-dire les nefs, était livrée au public et aux hommes d'affaires. Elle était séparée de la précédente par une sorte de barrière ou balustrade à claire-voie, F F, appelée *cancel*. Les galeries supérieures des deux ailes latérales (fig. 2) étaient

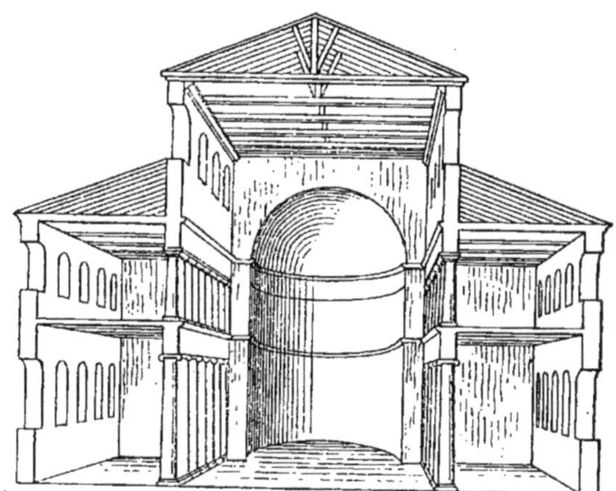

Fig. 2.

réservées aux oisifs et aux spectateurs. Ceux-ci pouvaient de la sorte assister commodément au mouvement des affaires, sans y apporter aucune confusion ni aucun trouble.

Les basiliques étaient de plus, presque toujours, précédées d'un *portique*, G, décoré d'arcades que supportaient des colonnes.

Voici maintenant la basilique chrétienne[1], telle que la décrivent tous les auteurs (fig. 3).

[1] Saint Isidore de Séville remarque que le mot basilique (βασιλική οἰκία), signifiant proprement *maison royale*, convient éminemment à l'église catho-

Le plan et les dispositions générales sont absolument les mêmes. Au fond de l'abside, A, à la place du juge principal, se tenait l'évêque. — L'antique basilique de Saint-Clément, à Rome, ainsi que plusieurs autres, conservent encore à cette place la chaire ou siége épiscopal, ordinairement en marbre blanc. — L'évêque était entouré de ses prêtres qui lui tenaient lieu de magistrats subalternes, B B; d'où le nom de *presbyterium*, donné à cette partie de la basilique.

L'enceinte réservée aux avocats et aux gens de loi, D D, était occupée par les clercs inférieurs, et, comme ils y psalmodiaient et chantaient l'office, elle fut appelée *chorus* ou *chœur*. L'autel devait être placé à peu près au milieu, en C. En H était la balustrade qui séparait le chœur des nefs. De chaque côté du chœur, E F, on élevait deux tribunes appelées *ambons*, dans lesquelles on venait lire au peuple l'évangile et l'épître. — Nous donnons (fig. 4) la vue perspective de l'ambon de Saint-Clément, à Rome.

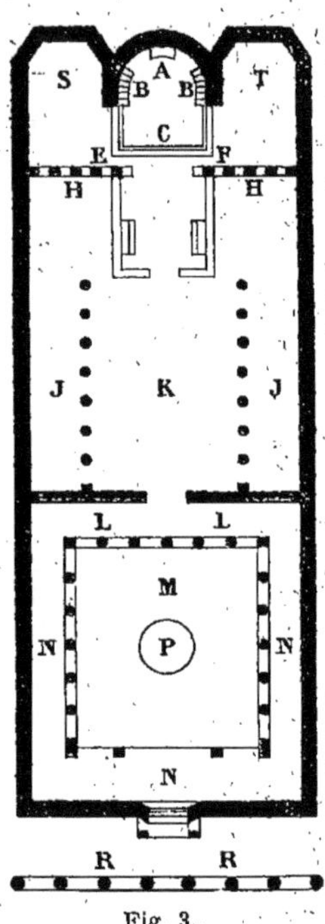
Fig. 3.

Enfin les nefs, J J, étaient destinées aux fidèles, celle de droite pour les hommes, celle de gauche pour les femmes; la nef du milieu, K, restait libre; son extrémité la plus rapprochée du chœur s'appelait *solea* ou *luminare*. C'est là que ceux à qui l'entrée du sanctuaire était interdite, c'est-à-dire tous les fidèles qui n'appartenaient pas à la cléricature, venaient recevoir la sainte Eucharistie. Les deux galeries supérieures des nefs latérales (fig. 2) étaient réservées aux vierges et aux veuves qui se consacraient particulièrement à Dieu et à la prière. On les appelait quelquefois pour cela *gynécées*.

lique, qui est la demeure du Roi des rois, et le palais où il reçoit les hommages de ses fidèles sujets.

Remarquons que l'art de l'architecture et de la sculpture s'étant perdu peu à peu, on employa souvent, pour la construction des basiliques, de nombreux fragments empruntés à des monuments antérieurs, par exemple des fûts de colonnes, des chapiteaux. « Les anciennes basiliques chrétiennes de Rome, dit M. Viollet-le-Duc, ne sont qu'une réunion de fragments antiques [1]. »

Fig. 4.

Comme dans la basilique profane, les trois nefs s'ouvraient sur un premier *narthex* ou *ferula*, L (fig. 3), sorte de portique fermé, long de toute la largeur de la basilique. Il était destiné, dit l'abbé Martigny, auquel nous empruntons beaucoup de ces détails [2], aux catéchumènes et aux pénitents de la deuxième classe appelés *écoutants*, parce qu'il leur était permis d'*écouter* de ce lieu les hymnes et les psaumes qui se chantaient dans l'église, et aussi les instructions que donnaient aux fidèles les ministres de la parole divine. On permettait aussi quelquefois, même aux païens, aux juifs, aux hérétiques, de pénétrer dans ce narthex intérieur et d'entendre la prédication évangélique, afin qu'ils pussent s'instruire et se convertir.

[1] *Dictionnaire raisonné de l'architecture.*
[2] *Dictionnaire des Antiquités chrétiennes.*

Mais à ce plan jusqu'à présent entièrement conforme à celui de la basilique profane, les chrétiens ajoutèrent souvent un *atrium*, M (αἴθριὸν, cour découverte). C'était une cour carrée, entièrement découverte et entourée de quatre portiques, N. Au centre de l'atrium on voyait une fontaine ronde ou octogone, P, appelée *cantharus*, où les fidèles se lavaient les mains et le visage, en signe de purification, avant d'entrer dans le lieu saint[1]. C'est l'origine de nos bénitiers. Quelquefois, le cantharus était couvert d'un toit; alors l'ensemble des constructions prenait le nom de *phiala*.

Les entrecolonnements des portiques étaient ordinairement garnis de *cancels* assez bas pour que chacun pût facilement s'y appuyer et contempler de là les eaux qui jaillissaient du cantharus[2]. C'était, dit encore l'abbé Martigny, sous les portiques de l'atrium que se tenaient les pénitents de la première classe, les *pleurants*[3], pendant la célébration des saints mystères.

Cet atrium était fermé par un second narthex, R, espèce de péristyle ouvert qui régnait sur toute sa largeur et qui était formé de deux, de cinq et même sept colonnes. Les pécheurs publics, qui avaient été séparés de la communion des fidèles, devaient se tenir sous ce narthex extérieur sans pouvoir avancer plus loin dans l'enceinte sacrée. C'était probablement aussi dans les basiliques de petite dimension, dépourvues d'atrium, la place des *pénitents* de la première classe, auxquels il n'était pas permis de pénétrer dans le narthex intérieur. Enfin on fit, de chaque côté de l'abside, deux petites constructions : dans l'une, S, on ramassait les ornements et les vases sacrés ; on l'appelait *diaconicum*: dans l'autre, T, on déposait les offrandes des fidèles ; elle portait le nom de *gazophilacium* ou d'*oblationarium*.

L'autel des basiliques consistait en une simple table de marbre,

---

1 Autour des vasques contenant l'eau, on lisait parfois des inscriptions dans le genre de celle-ci : « Lave tes péchés, et non pas seulement tes mains. »

2 Saint Paulin de Nole dit à ce sujet : « Il est permis à tous de se promener sous les portiques, et quand on est fatigué, de s'appuyer sur les cancels qui règnent entre les colonnes, pour voir le jeu des eaux. »

3 Les *pleurants* étaient condamnés à se tenir hors de l'église ; ils priaient ceux qui entraient dans le lieu saint d'offrir pour eux leurs prières.

de porphyre ou de toute autre matière précieuse, sans gradins et sans aucun des ornements de nos autels actuels. Cette table était appuyée sur quatre petites colonnes, ordinairement d'un travail riche et varié. Quatre autres colonnes plus grandes s'élevaient aux quatre angles pour aller supporter une espèce de petit dôme

Fig. 5.

désigné sous le nom de *ciborium* (fig. 5). Entre ces colonnes on adaptait des rideaux d'étoffes précieuses, pour cacher l'autel au moment de la consommation des divins mystères [1]. On suspendait ordinairement au centre du ciborium une colombe d'or ou d'argent dans laquelle on renfermait la sainte Eucharistie, mise en réserve pour les malades. On en montre encore une

[1] On voit encore à l'entablement du ciborium de Saint-Clément, à Rome, les ferrures et les pitons qui portaient ces rideaux.

aujourd'hui à Saint-Nazaire de Milan, dorée en-dedans et émaillée au dehors (fig. 6).

Fig. 6.

Quelquefois un ciborium plus grand, dont les colonnes reposaient sur le sol même, recouvrait ce premier ciborium : alors celui-ci prenait le nom de *peristerium* (περιστέριον, colombaire) parce qu'il abritait directement la colombe (περιστερά) (fig. 5).

L'autel était le plus souvent placé sur la confession d'un martyr, c'est-à-dire, sur une sorte de caveau voûté et très-richement décoré, contenant les reliques de quelque martyr et auquel on accédait par un ou deux escaliers.

Le nombre des basiliques bâties au IV⁰ siècle par Constantin, et appelées pour cela *basiliques constantiniennes*, est relativement considérable. Mais toutes ces basiliques ont été détruites en tout ou en partie et entièrement reconstruites ou restaurées à des époques plus ou moins éloignées. Nous nous contenterons d'indiquer parmi ces dernières les deux plus remarquables :

1° La basilique de *Sainte-Agnés-hors-les-Murs*, bâtie par Constantin en 324. Elle conserve encore sa forme primitive, et nous donne mieux que toutes les autres une idée exacte des basiliques du IV⁰ siècle.

2° La basilique de *Saint-Clément*. Cette basilique mérite surtout l'attention de l'archéologue, à cause de la découverte faite en 1857. Jusqu'à cette époque, on avait cru que l'ancienne basilique constantinienne était l'édifice dont on se servait chaque jour pour l'exercice du culte. Mais les fouilles pratiquées alors démontrèrent, d'une manière certaine, que cette première basilique avait été remplie de terre, et que la basilique actuelle avait été bâtie sur ses décombres à une date postérieure. Du reste, on avait eu soin de conserver pour celle-ci les mêmes formes et les mêmes dispositions, bien que les proportions aient été diminuées, surtout en largeur.

Le plan de la basilique inférieure était absolument celui que nous avons donné dans ce chapitre. Ses murs reposent sur d'anciennes constructions formées de gros blocs de *travertin* [1], remontant, d'après M. de Rossi, au temps des rois de Rome, et ayant même pu appartenir à la maison de Tarquin le Superbe. On y a trouvé beaucoup de peintures du plus grand intérêt. En outre, on a découvert à côté de l'abside deux chambres de grandeur moyenne, dont l'une a une voûte tout entière recouverte de stuc blanc avec des caissons ornés de rosaces et de peintures représentant des sujets païens. Le style accuse le second siècle de notre ère ou la fin du premier. Ces chambres sont probablement un reste de la maison habitée par saint Clément; et c'est là que, selon toute apparence, il réunissait les premiers fidèles. Nous aurions donc ici le plus ancien *dominicum* de Rome.

L'édifice supérieur a aussi trois nefs séparées entre elles par seize belles colonnes antiques. Selon les dispositions primitives, la chaire épiscopale occupe encore maintenant le fond de l'abside; le chœur possède un ciborium, deux ambons, un cancel. Les nefs sont précédées d'un narthex et d'un atrium auquel il ne manque que le cantharus antique.

---

[1] Le *travertin* est une espèce de pierre calcaire très-estimée pour les constructions. Elle durcit à *l'air,* et prend peu à peu une teinte rougeâtre : elle se trouve en abondance dans toute la campagne de Rome.

CHAPITRE III

CLASSIFICATION DES STYLES

Ce n'est en réalité qu'au v° siècle que l'architecture religieuse
fit son apparition et eut une manière de bâtir à elle particulière [1].
Pendant les trois premiers siècles, elle avait à peine existé, et
encore les persécutions l'avaient-elles renfermée dans les Catacombes : au iv° siècle, dans les basiliques, elle avait conservé les
formes de l'architecture romaine qu'elle s'était appropriées. On ne
peut donc établir une classification de ses différents styles qu'à
partir du v° siècle.

Cette classification peut se diviser en trois grandes époques :

1° Depuis le v° siècle jusqu'au xiii°;

2° Depuis le xiii° siècle jusqu'à la seconde moitié du xv°;

3° Depuis la seconde moitié du xv° siècle jusqu'à nos jours.

L'architecture antérieure au xiii° siècle a reçu dans les différents pays plusieurs dénominations, suivant les causes qui l'ont

---

[1] Notons qu'à dater de cette époque, chaque peuple, à mesure qu'il est
devenu chrétien, s'est fait une architecture religieuse en rapport avec ses
goûts, ses aptitudes, son génie, et que par conséquent chaque pays a la
sienne propre, plus ou moins différente de celle des contrées limitrophes. —
Il est peut-être bon d'avertir, dès le début, que dans ce *cours élémentaire*
nous n'entendons traiter que de *l'architecture religieuse française.*

produite. Elle fut appelée *romane* en France, parce qu'elle avait gardé beaucoup des caractères de l'architecture romaine; *bysantine* en Allemagne, parce qu'elle avait reçu de Bysance ses principales améliorations; *saxonne* en Angleterre, parce qu'elle y avait été importée par les Saxons; enfin quelques archéologues, pour mieux indiquer les deux éléments qui la constituent, à savoir : l'ornementation de Bysance et de l'Orient, mêlées aux formes de Rome et de l'Occident, l'ont nommée *romano-bysantine*.

Dans le cours du XIIe siècle, on substitua l'arc en tiers-point, appelé *ogive*, à l'arc en plein-cintre roman, et cette innovation dans la forme des arcades, jointe à plusieurs autres que nous étudierons plus tard, constituèrent une nouvelle architecture, qui prit le nom d'architecture *ogivale*.

Enfin, vers le milieu du XVIe siècle, les architectes, abandonnant l'architecture ogivale, voulurent revenir à l'architecture des anciens. Toutefois, l'art païen d'Athènes et de Rome ne remplaça pas immédiatement le style chrétien du moyen âge; il y eut comme un mélange de tous les styles, et c'est là ce qu'on a appelé, à proprement parler, l'architecture de la *renaissance*.

Mais ces différentes architectures ont eu leurs périodes de perfectionnement et de décadence, et d'après ces variations elles ont été partagées en époques distinctes. Nous prendrons les divisions de M. de Caumont, qui ont le grand avantage, surtout pour un livre élémentaire, de mettre dans l'esprit quelque chose de net et de précis, bien qu'elles n'aient rien de rigoureusement absolu.

Nous observerons, en effet, avec M. Viollet-le-Duc, « que cette classification, toute satisfaisante qu'elle paraisse, n'existe pas, et que de la décadence romaine à la renaissance du XVIe siècle, il n'y a eu qu'une suite de transitions sans arrêts... On doit étudier, continue le savant architecte, l'art du moyen âge comme on étudie le développement et la vie d'un être animé, qui de l'enfance arrive à la vieillesse par une suite de transformations insensibles et sans qu'il soit possible de dire le jour où cesse l'enfance et où commence la vieillesse [1]. » M. de Caumont fait remarquer lui-même que rien

---

[1] *Dictionnaire raisonné de l'architecture française.*

ne doit être absolu dans ses divisions, parce que la marche de l'art a été continuelle et constante [1].

Nous ajouterons que souvent tel ou tel style, pour des raisons qu'il serait trop long d'énumérer ici, fut adopté plus tôt dans certaines contrées que dans certaines autres ; qu'ainsi, par exemple, on construisait déjà des églises en style ogival dans le nord et l'est de la France, tandis que le centre et le midi en étaient encore à l'architecture romane. De plus, lors même que les formes générales furent arrivées à être partout à peu près identiques, on rencontrait encore des dissemblances, pour les détails, dans les différentes provinces : l'une adoptait de préférence certaines combinaisons, un genre d'ornementation, une manière de sculpture, qu'une autre ne comprenait ni ne goûtait, et qu'alors elle changeait et modifiait à son gré. — Ne pouvant, à cause des limites très-restreintes de cet abrégé, suivre l'architecture dans ces différentes écoles, nous tenons, au moins une fois pour toutes, à constater l'existence de ces divergences locales.

Voici le tableau des divisions que proposa M. de Caumont en 1824, et qui depuis a été adopté partout, en France comme à l'étranger.

CLASSIFICATION DES STYLES		DURÉE DES STYLES
Architecture romane	Primordiale	Depuis le ve siècle jusqu'au xie.
	Secondaire.	xie siècle.
	Tertiaire . . . . . . ou de Transition	xiie siècle.
Architecture ogivale	Primitive.	xiiie siècle.
	Secondaire.	xive siècle.
	Tertiaire	xve siècle et xvie (1re moitié.)
Style de la renaissance		xvie siècle (2e moitié.)
Période moderne [2]		xviie, xviiie et xixe siècles.

[1] *Abécédaire d'archéologie.*

[2] Nous arrêterons nos études élémentaires à la période moderne, attendu que cette période n'a su construire que des monuments sans caractères, ou, si l'on veut, des monuments dont le caractère distinctif est de n'en point avoir.

CHAPITRE IV

ARCHITECTURE ROMANE PRIMORDIALE

ou

STYLE LATIN

(Depuis le ve siècle jusqu'au xe) [1]

Pour mieux saisir ce qui caractérise précisément chaque période, nous aurons recours à la méthode analytique, c'est-à-dire que nous supposerons, dans chacune de ces périodes, quelques édifices-types, dont nous étudierons, l'une après l'autre, les différentes parties : d'abord le plan, ensuite l'appareil, les contre-forts, les ornements, les fenêtres, les portes, etc.

Commençons par remarquer qu'il serait, pour ainsi dire, plus facile de dépeindre et de définir l'architecture de cette première période par des caractères négatifs, c'est-à-dire par l'absence de voûtes, de balustrades, d'arcs-boutants, de meneaux, de roses, d'ornements, de sculptures, que par des caractères positifs. En effet, nos premières églises sont surtout remarquables par leur extrême simplicité.

---

[1] Plusieurs archéologues ont encore partagé ces six siècles en deux périodes : la période *mérovingienne* et la période *carlovingienne*.

PLAN

Le plan des églises de cette époque est encore à peu près celui des basiliques. On commence cependant à allonger un peu le chœur et à prolonger les transepts au delà de la ligne d'alignement des nefs, de manière à donner à l'édifice la figure d'une *croix latine.* — Les petites églises ont la forme d'un simple rectangle, ordinairement terminé par une abside voûtée. — Quelquefois, rarement pourtant, le plan est circulaire ou même polygonal. (Ex. : Saint-Vincent-le-Rond, à Paris, qui est aujourd'hui Saint-Germain-l'Auxerrois.)

Pendant les ve, vi^e, viie, viiie et ixe siècles, plusieurs architectes ont l'heureuse inspiration de tourner leurs églises vers l'orient, c'est-à-dire de placer les portes au couchant et les absides au levant. A partir du xe siècle, cette *orientation* devient pour les siècles suivants une règle liturgique presque invariable.

CRYPTES

En souvenir des *arcosolia* des Catacombes et des *confessions* des basiliques, on creuse des cryptes sous le chœur des églises pour renfermer les reliques de quelque saint ou de quelque martyr. Les unes ne sont que de simples salles carrées, avec des voûtes sans colonnes ; d'autres, plus vastes et plus ornées, ont des voûtes soutenues par deux rangs de piliers ou de colonnes. — On descend à ces cryptes par un ou deux escaliers, dont les ouvertures se trouvent soit au milieu, soit de chaque côté du chœur. — (Ex. : cryptes de Saint-Avit, à Orléans ; de Saint-Gervais, à Rouen ; de Jouarre, de Soissons.)

APPAREIL

Le *petit appareil romain* est de beaucoup le plus employé : encore l'intérieur des murs est-il souvent rempli de simple blocage ; leurs parements seuls sont en petits cubes taillés symétriquement. En effet, le mauvais état des chemins, le peu de perfectionnement des machines et des moyens de transport ne permettaient pas alors de se servir de matériaux plus considérables. Cependant quelques églises, surtout dans le centre et dans le midi, sont bâties en moyen appareil. L'ancien *opus spicatum* des Romains est aussi très-usité. Mais ce qui caractérise avant tout l'appareil de cette période, c'est le *mélange de la brique avec la pierre*. Car ce mode de construction disparaît presque complétement avec le Xᵉ siècle. « Les architectes des édifices religieux de cette époque, dit M. l'abbé Bourassé, firent entrer dans leurs constructions une grande quantité de briques d'une forme et d'une fabrication analogues à celles de l'antiquité. Non-seulement ils s'en servirent fréquemment pour faire des cintres, ils les établirent encore par zones horizontales pour simuler des assises régulières, et quelquefois comme motif d'ornementation. La couleur vive du rouge, qui tranchait fortement sur le gris obscur de la muraille, leur parut produire un effet assez heureux. C'est ainsi que souvent les moulures et les corniches furent remplacées par une ou plusieurs rangées de briques, et qu'on chercha, par l'opposition des couleurs, à former sur les parois des murailles des espèces de dessins symétriques [1]. »

CONTREFORTS

Les *contreforts* sont des piliers adossés aux murs et destinés à les renforcer aux endroits où se trouve une charge plus considérable ou une poussée plus forte.

Les architectes, cherchant à imiter les basiliques romaines, veulent voûter les nefs latérales de leurs églises ; mais ils ne le peuvent faire impunément pour la solidité de la construction, sans résister extérieurement à la poussée de ces voûtes par des renforts de maçonnerie ou *contreforts*. Ces contreforts, dans le principe peu saillants, ont tantôt l'apparence de demi-colonnes engagées [2] (fig. 1), tantôt de pilastres carrés, montant jusqu'aux

---

[1] *Archéologie chrétienne.*

[2] On appelle *colonne engagée* celle dont une partie, plus ou moins considérable, est enclavée dans la maçonnerie d'un mur, de manière à ne faire plus qu'un avec lui.

corniches (fig. 2). Ces contreforts primitifs sont couronnés soit

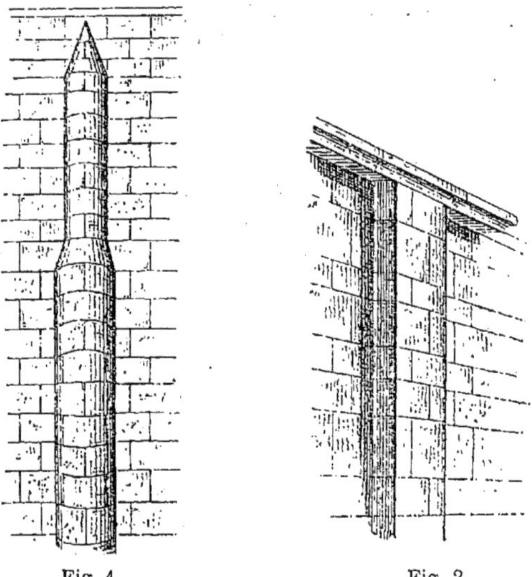

Fig, 1.   Fig. 2.

par des cônes, soit par des chapiteaux qui s'arrêtent souvent à la corniche sans rien supporter.

ARCS ET ARCADES

Le caractère le plus distinctif de l'architecture romane, aussi bien pour cette période que pour la suivante, se trouve dans la forme des arcs : tous sont en *plein-cintre*, c'est-à-dire composés de voussoirs réunis ensemble suivant la courbure d'une demi-

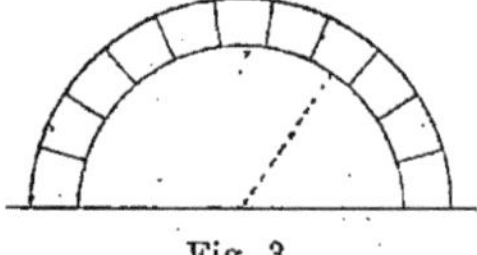

Fig. 3.

circonférence (fig. 3). Quelquefois ils sont *surhaussés*, lorsqu'ils descendent perpendiculairement au-dessous de la ligne de leur centre (fig. 4) : quelquefois ils sont *outre-passés*, et dits alors en

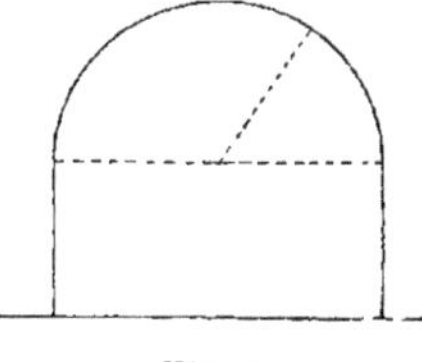

Fig. 4.

fer-à-cheval, lorsqu'ils se prolongent pareillement au-dessous de la ligne de leur centre, mais en suivant la courbe de la circonférence (fig. 5). D'autres fois, enfin, ils sont *surbaissés*, quand ils sont

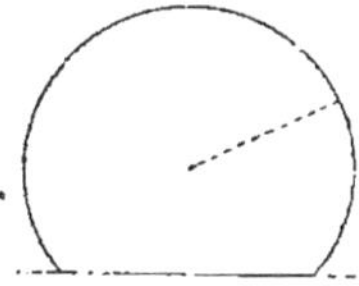

Fig. 5.

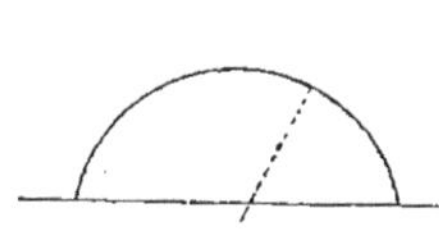

Fig. 6.

formés de moins d'une demi-circonférence (fig. 6). Ces derniers sont plus rares. — Pour les arcs surbaissés, que l'on peut rencontrer dans les voûtes, ils ne sont le plus souvent que le résultat d'une déformation produite par l'écartement des murs.

Beaucoup de ces arcs sont formés de voussoirs ou claveaux alternativement en pierre et en brique. D'autres fois les voussoirs sont séparés entre eux par d'épaisses couches de ciment. Leur *archivolte* [1] est encore très-simple et composée seulement de quelques moulures, ou même d'un seul cordon de briques.

L'arc qui se trouve à l'entrée du chœur, qu'on appelle *arc triomphal*, est plus ornementé que les autres : il se couvre d'incrustations, de peintures ou de mosaïques.

---

[1] On appelle *archivolte* l'ensemble des moulures et des sculptures qui encadrent une arcade. — On se sert aussi quelquefois du mot *archivolte* pour désigner l'arcade elle-même.

ORNEMENTS

Les monuments de cette première période sont si rares, qu'il est

Fig. 7.

difficile d'en bien caractériser l'ornementation. — A l'extérieur, elle consistait surtout dans un *mélange de pierres et de briques* disposées de façon à former, sur le nu des murs, des dessins d'ailleurs d'une grande simplicité. — A l'intérieur, elle se composait de *moulures variées et de dessins en creux ou en relief,* imités plus ou moins fidèlement de l'art gallo-romain (fig. 7), d'*incrustations* en pierres de couleur, en marbres ou en terre cuite, quelquefois même de *mosaïques* à personnages.

On peut citer encore les *arcatures* [1] (fig. 8). On rencontre dans certains édifices du Bas-Empire des rangées d'arcades aveugles,

Fig. 8.

qui n'ont d'autre but que d'orner les nus des murs. Ce motif de décoration paraît avoir été particulièrement admis et conservé par les architectes de l'époque carlovingienne. Elles tapissent les bas côtés au-dessous des fenêtres : leurs cintres sont portés sur des pilastres ou sur de petites colonnes dégagées, reposant sur un socle continu, qui forme comme une sorte de banc tout autour de l'édifice (fig. 8).

FENÊTRES

Les fenêtres, ainsi du reste que toutes les ouvertures, sont cintrées. — D'une certaine grandeur aux étages supérieurs, elles

---

[1] On appelle *arcatures* des arcades aveugles figurées en relief sur le nu des murs.

sont basses quand elles se rapprochent du sol. Ces dernières sont

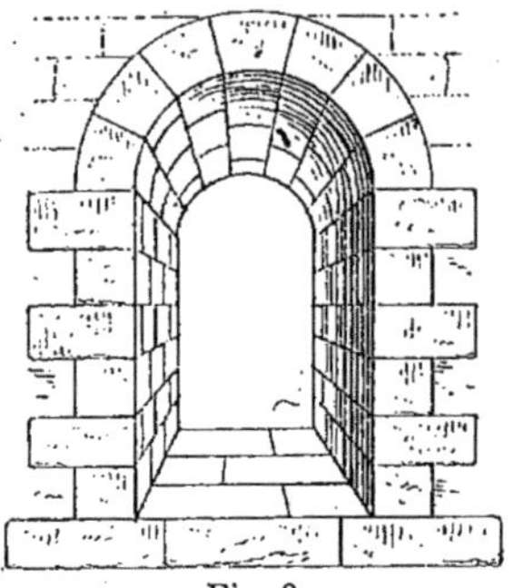

Fig. 9.

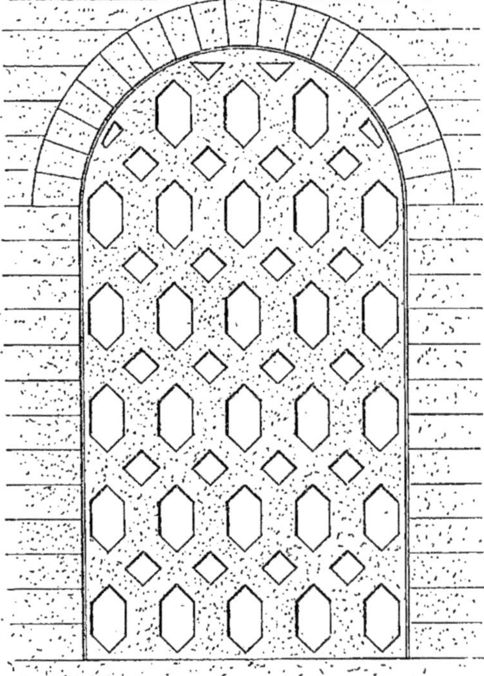

Fig. 10. — Claire-voie en pierre à la façade de Saint-Germain-des-Prés, à Paris.

en outre étroites à l'extérieur, de telle sorte qu'un homme n'y puisse passer, et en même temps très-évasées à l'intérieur, de manière à former, au besoin, *meurtrière* (fig. 9). En effet, dans ces temps de luttes incessantes occasionnées par le système féodal, on devait naturellement penser à multiplier dans toutes les constructions les moyens de défense. — Pour toute ornementation, leurs cintres sont formés de claveaux de pierre et de briques alternés : ils ne reposent jamais sur des colonnes, mais constamment sur de simples pieds-droits ou sur des pilastres écrasés. — (Les fenêtres de la Basse-Œuvre, de Beauvais, dont la construction remonte probablement au VIIIe siècle, ont leurs arcs ainsi composés de claveaux de pierre séparés par une ou deux briques.)

Du VIIIe au XIIe siècle, les fenêtres ne reçoivent pas de vitres : elles restent béantes ; ou bien encore, quand elles sont d'une certaine dimension, elles sont fermées par des claires-voies de pierre, de bois ou de métal (fig. 10). (Ex. : églises de Saint-Germain-des-Prés, à Paris ; de Fénioux, dans la Charente-Inférieure.)

PORTES

Jusqu'au commencement du XIIe siècle, les portes sont de la plus grande simplicité. Elles se composent de deux pieds-droits ; ou encore, mais plus rarement, de deux colonnes appliquées sur le mur. Les pieds-droits sont reliés ensemble par un *linteau* [1], lequel est lui-même surmonté d'un arc en plein-cintre. Le tympan de ce cintre est quelquefois ciselé en damier, orné d'une croix ou même d'un bas-relief (fig. 11). « Lorsque, pendant la période carlovingienne primitive, l'art de la statuaire était complétement perdu, on recueillait parfois des bas-reliefs provenant de monuments antiques gallo-romains, et on les incrustait dans les nouvelles constructions, notamment au-dessus des portes, comme étant la partie de l'édifice qu'on tenait à décorer. »

De plus, presque toutes les portes sont précédées et couvertes de *porches* destinés à recevoir les pénitents et les catéchumènes, qui ne pouvaient entrer dans l'église. Ces porches sont dans le

---

[1] Le *linteau* est une pierre ou une pièce de bois ordinairement d'un seul morceau : quand le linteau a une très-grande portée, il peut être formé par plusieurs pierres taillées en voussoirs.

principe de simples galeries ou portiques ouverts, ayant peu de profondeur et tenant toute la largeur de l'édifice ; ils rappellent les *narthex* des anciennes basiliques. Quelques-uns, cependant,

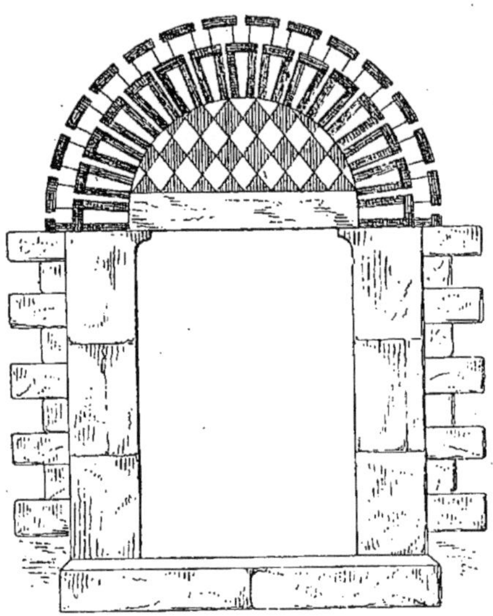

Fig. 11.

d'une plus grande profondeur, comme celui de Saint-Front de Périgueux, sont fermés sur les côtés et couverts par une charpente à double égout, avec pignon de maçonnerie. Une large arcade en plein-cintre en forme l'entrée.

PILIERS ET COLONNES

Désirant être le plus clair possible, nous subdiviserons ce paragraphe, pour traiter à part des bases et des chapiteaux.

Les colonnes sont lourdes et massives. Les constructeurs n'étant plus assez habiles pour tailler des colonnes de marbre, de granit ou de pierre dure *monolithe* [1], ils les composent d'assises de

---

1 On appelle colonne *monolithe* (de μονὸς, seul, et λιθὸς, pierre) une colonne faite d'une seule pierre.

pierres basses. En outre, à la différence des colonnes grecques et romaines, ils les montent toutes droites jusqu'au chapiteau sans diminuer leur diamètre. — Mais ces piles, lors même qu'on en augmente démesurément le diamètre, ne peuvent souvent résister aux charges qu'on leur impose. Alors on les taille suivant une section rectangulaire, et on en fait de gros piliers carrés : ces assises rectangulaires sont plus faciles à poser et plus résistantes.

Bases. — Les bases des colonnes sont étroites, ici carrées, ailleurs rondes, sans aucune sorte d'élégance ni dans leur profil ni dans leur taille. Leurs proportions, par rapport au diamètre et à la hauteur des fûts, sont complétement arbitraires ; basses pour de grosses colonnes, elles sont très-hautes pour des colonnes d'un faible diamètre. Tantôt elles ne se composent que d'un simple biseau (fig. 12) (ex. : crypte de Saint-Avit, à Orléans) ; tantôt

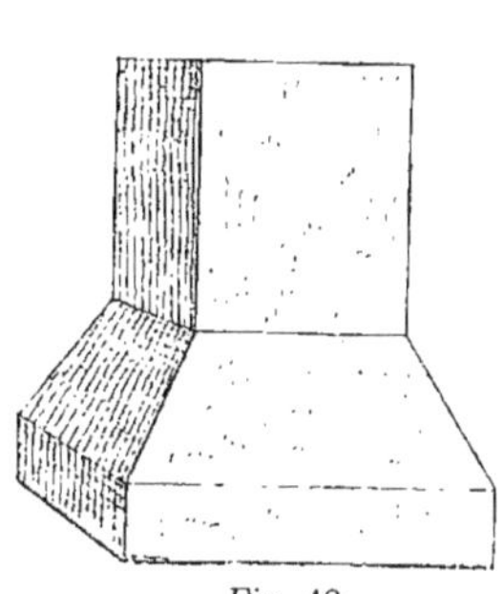

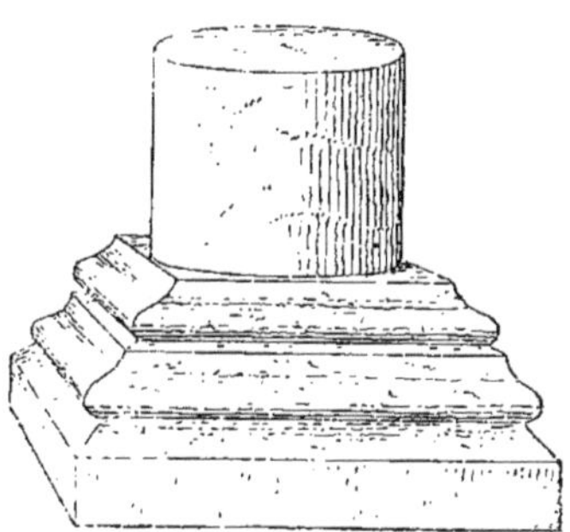

Fig. 12.   Fig. 13.

elles sont couvertes de moulures superposées les unes aux autres, sans motif et sans goût (fig. 13). (Ex. : crypte de Saint-Denis.)

Chapiteaux. — Les chapiteaux, ordinairement cubiques, n'ont aucun caractère ; ce ne sont la plupart du temps que des imitations et des réminiscences plus ou moins grossières du chapiteau ionique et du chapiteau corinthien. Mais le fait le plus remarquable de l'*ordre roman* est la suppression des entablements [1] : le sommier des arcs repose, sans intermédiaire, sur le tailloir des chapiteaux.

On emploie encore, en assez grand nombre, des débris de

[1] Nous ne retrouverons les entablements qu'au xvie siècle.

colonnes enlevés aux monuments romains en ruine ; des chapiteaux habilement sculptés , des fûts monolithes soit en pierre, soit en marbre, sont mêlés et appropriés tant bien que mal aux nouvelles constructions.

VOUTES

Les absides seules sont voûtées. Les traditions romaines relatives aux grandes voûtes s'étant peu à peu trouvées perdues, les hautes nefs, les transepts et même les bas côtés sont couverts de charpentes apparentes. Quelques-unes, cependant, sont dissimulées par un plafond ou un lambris [1].

Qu'il nous soit permis de dire ici, en passant, que ces traditions romaines, non-seulement pour les voûtes, mais pour toute l'architecture, avaient suivi les empereurs à Byzance. Là, se trouvant mêlées aux principes de l'architecture orientale, elles se modifièrent peu à peu, jusqu'à ce qu'elles se fussent presque complétement transformées. — Le cadre que nous nous sommes tracé pour ce petit traité ne nous permet pas d'étudier cette architecture étrangère. Toutefois nous ne pouvons nous dispenser de constater qu'elle eut, au moyen âge, une très-grande influence sur les premiers essais de notre architecture française. « Ce fut par les Grecs et les Arabes, dit M. L. Vitet, que les premières leçons du grand et bel art de bâtir parvinrent à l'Europe entière. » Et pour ce qui concerne les voûtes en particulier, il est plus que probable que ce fut en voyant et en admirant les voûtes et les coupoles des églises de l'Orient et spécialement de la Syrie, pendant les premières croisades, que nos pères conçurent l'idée et retrouvèrent les moyens d'en construire eux-mêmes de semblables.

CLOCHERS ET TOURS

D'après plusieurs auteurs, on ne construisit pas de clochers avant le XIᵉ siècle, les cloches n'étant pas assez grosses pour en

---

[1] On appelle *lambris* un plafond en menuiserie. Les lambris sont souvent ornés de sculptures, de peintures et de dorures.

nécessiter l'usage. Au contraire, d'autres, comme M. l'abbé Bourassé, prétendent « qu'au IX° siècle des tours furent élevées sur beaucoup d'églises importantes. Les plus anciennes, ajoute-t-il, furent écrasées et quadrilatérales. Elles furent surmontées d'un toit sans élégance à double égoût, ou pyramidal, et à quatre pans. Les faces étaient percées d'ouvertures à plein-cintre sans aucun ornement. » Elles auraient été placées au-dessus du portail occidental ou sur la *croisée* [1] de la grande nef et des transepts : quelques-unes auraient été complétement isolées des églises.

MONUMENTS

Les monuments de cette période sont actuellement très-rares. Nous citerons cependant :

Le baptistère de Saint-Jean, à Poitiers, un des monuments, dit M. de Caumont, les plus remarquables de l'époque mérovingienne : il daterait du V° ou VI° siècle ;

La Basse-Œuvre, à Beauvais : suivant quelques archéologues, elle appartiendrait au VIII° siècle ; selon certains autres, elle remonterait jusqu'au VI° siècle ;

L'église de Savennières (Maine-et-Loire) : la façade serait du VI° siècle et la nef du VII° ;

L'église Saint-Martin, à Angers ;

L'église de Cravant (Indre-et-Loire) ;

L'église Saint-Philibert, à Tournus (Saône-et-Loire) ;

La crypte de Saint-Avit, à Orléans ;

La crypte de Jouarre (Seine-et-Marne) : elle aurait été bâtie au VII° siècle ;

L'église de Germigny-les-Prés (Loiret), du IX° siècle ;

L'église Saint-Front, à Périgueux, du X° siècle ;

L'église de Vignory (Haute-Marne), du X° siècle.

---

[1] Le mot *croisée* désigne les deux nefs transversales qui forment les deux bras de la croix latine : dans ce sens il serait synonyme de transept. — On emploie encore le mot *croisée* pour désigner l'endroit même où se *croisent* l'axe de la grande nef et du chœur avec celui des transepts.

CHAPITRE V

ARCHITECTURE ROMANE SECONDAIRE

(xi° siècle.)

Depuis plusieurs siècles, l'architecture religieuse avait bien essayé de se débarrasser des souvenirs païens et de bâtir des édifices dont la construction ne relevât que de son génie propre ; mais ses efforts avaient eu peu de succès. Ce n'est qu'au xi° siècle qu'elle atteint le but tant poursuivi et qu'elle commence à se constituer. Après des expériences et des tâtonnements multipliés, elle arrive à pouvoir formuler quelques principes, à établir quelques règles sûres, à perfectionner ses moyens de construction. Et une fois le premier pas fait, sa marche progressive est surprenante ; nous la verrons, dans moins de deux siècles, élever des monuments qui ont fait et qui feront l'admiration de toutes les générations.

PLAN

En général le plan des églises du xi° siècle est toujours celui d'une *croix latine*, dont les bras, représentés par les transepts, s'étendent du nord au midi, et dont la tête, figurée par le chœur, est tournée vers l'Orient. Cette orientation est désormais fixée.

Deux innovations cependant commencent à s'introduire : d'abord le chœur s'allonge de telle sorte que, proportionnellement, l'abside se trouve très-éloignée des transepts. Toutefois il ne dépasse jamais le tiers de la longueur de tout l'édifice. De plus les nefs latérales sont prolongées autour du chœur, de manière à permettre aux fidèles de faire le tour de l'église sans troubler les offices. Ce qui, probablement, fit appeler ce prolongement *deambulatorium, déambulatoire*. Il est garni de trois ou cinq chapelles qui, jusqu'au XIIIe siècle, seront peu profondes (fig. 1).

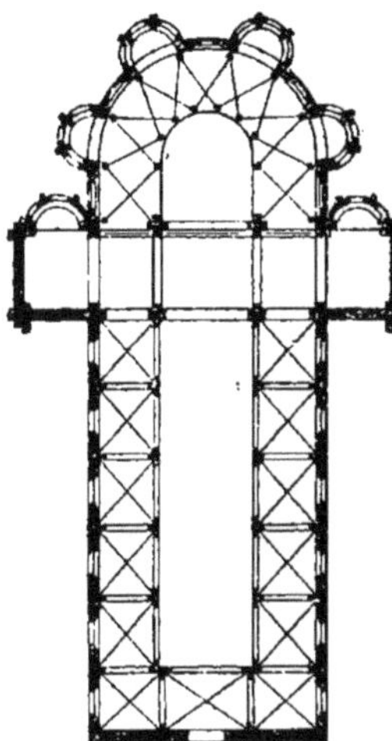

Fig. 1.

« Ces chapelles, dit M. l'abbé Corblet, forment autour de la croix figurée par le plan de l'église une espèce d'auréole symbolique [1]. » Dans certaines églises, les collatéraux se prolongent au delà des transepts, mais sans tourner autour de l'hémicycle du chœur.

Remarquons que l'aire du chœur est presque toujours plus élevée que celle des nefs, d'abord afin de permettre aux assistants de mieux voir le célébrant à l'autel, et ensuite afin d'éclairer les cryptes qui se trouvaient ordinairement dessous. Le jour y pénétrait par de petites fenêtres, précisément ouvertes dans cet exhaussement et donnant sur le déambulatoire. — (Ex. : cathédrale de Bayeux, églises Saint-Sernin, à Toulouse, de Notre-Dame-de-la-Couture, au Mans.)

Enfin on rencontre encore, quoique très-rarement, trois autres espèces de plans : quelques églises, adoptant les formes venues de Byzance, présentent la figure d'une *croix grecque* ; c'est-à-dire que la nef et le chœur, d'une part, et les transepts, de l'autre, sont égalisés de façon à figurer les quatre bras toujours égaux de cette croix (fig. 2). (Ex. : Saint-Front, de Périgueux.) D'autres sont rondes ou octogones, probablement en mémoire du Saint-Sépulcre. (Ex. : églises de Neuvy-Saint-Sépulcre, dans l'Indre ; de l'Aiguille, au Puy-en-Velay ; de Saint-Michel-d'Entraigues, dans la Charente.) D'autres, spécialement dans les régions des bords du Rhin, ont

[1] *Manuel élémentaire d'archéologie nationale.*

deux absides, l'une au levant, l'autre au couchant, ainsi que deux transepts.

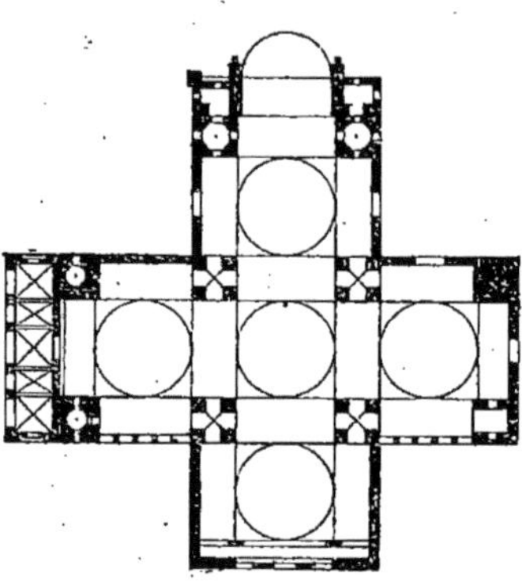

Fig. 2.

Mais pour donner une idée complète d'une église prise dans son ensemble, il est nécessaire d'ajouter à la description du plan par terre, celle des murs de la haute nef qui s'élèvent sur ce plan. — Comme nous avons vu l'édifice partagé en trois parties dans le sens de sa longueur (*les nefs, les transepts, le chœur*) et dans le sens de sa largeur (*une nef principale et deux nefs latérales*), de même nous le retrouvons divisé en trois parties dans le sens de sa hauteur : en bas, *les grandes arcades*, A (fig. 3), par lesquelles on communique de la nef principale dans les collatéraux; au milieu, une galerie plus ou moins profonde, B, appelée *triforium* [1]; en haut, l'espace réservé aux fenêtres, C, que les archéologues anglais nomment *clérestory*. Ces trois parties sont séparées entre elles par un ou plusieurs tores très-saillants, qui font le tour de l'édifice. Les grandes arcades du rez-de-chaussée sont portées par des piliers ou par de grosses colonnes, dans lesquelles, comme nous le verrons plus loin, sont engagées une ou plusieurs colonnettes groupées ensemble, qui montent du sol jusqu'à la naissance même des voûtes pour en recevoir la *retombée* [2] sur

---

[1] Cette galerie est évidemment encore un souvenir de la tribune de l'ancienne basilique romaine.

[2] On appelle *retombée* la partie d'une voûte comprise entre le coussinet et le point où les voussoirs cessent de pouvoir se soutenir eux-mêmes.

leur chapiteau. — L'espace compris entre deux de ces piliers et deux de ces colonnettes s'appelle *travée*, D.

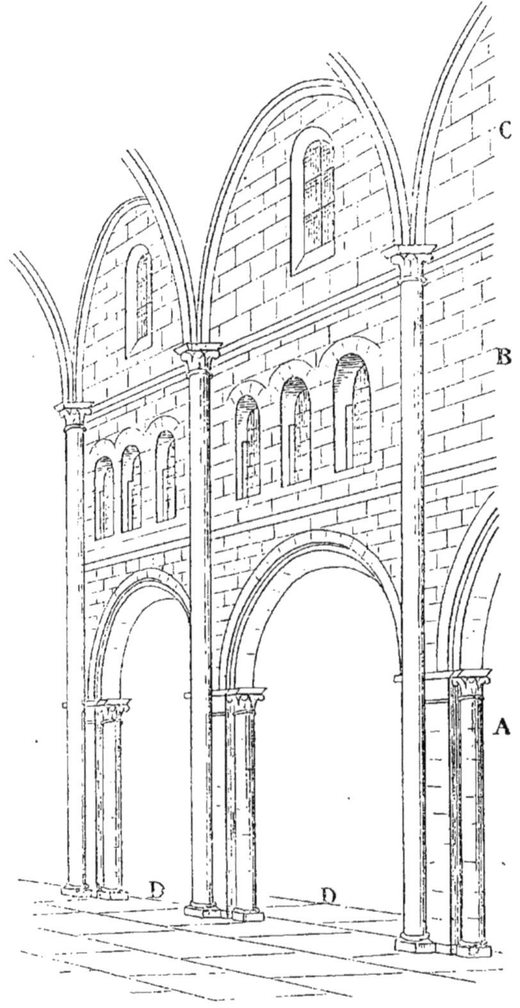

Fig. 3.

Cette disposition générale reste la même pour toute l'architecture du moyen âge, aussi bien pour la période ogivale que pour l'époque romane. Il est cependant évident qu'elles peuvent se modifier plus ou moins selon l'importance du monument ; quelquefois, par exemple, les fenêtres du clérestory descendent s'enclaver dans le triforium, et ainsi ne font plus deux parties distinctes.

CRYPTES

On a creusé des cryptes sous les églises tant que l'architecture romane a régné : au contraire, à peine pourrait-on citer quelques exemples de cryptes postérieures au XIIe siècle. Celles du XIe et du XIIe siècle ne diffèrent en rien de celles des siècles précédents : leur hauteur est toujours la même, de trois à quatre mètres du sol à la voûte ; elles sont seulement plus grandes (fig. 4)[1].

Les peintures murales sont très-employées pour l'ornementation des cryptes. Les cryptes des églises d'Auvergne, en particulier, sont entièrement couvertes de sujets légendaires exécutés souvent avec soin. Sous le chœur de Saint-Benoît-sur-Loire, il existe une crypte laissant voir encore des fragments de peinture qui appartiennent au Xe ou XIe siècle. — Dans un grand nombre de cryptes, il existe des puits, dont les eaux étaient souvent considérées comme miraculeuses. — (Ex. : Notre-Dame-du-Port, à Clermont-Ferrand.)

APPAREIL

Le petit *appareil romain*, carré ou rectangulaire, est encore de préférence employé pour les murs simples. Les murs qui doivent avoir une plus grande résistance sont construits en blocage, avec double parement de pierres de taille ; et afin de relier les différentes parties de la construction et de lui donner plus de solidité, on noie souvent dans le blocage de grosses pièces de bois placées longitudinalement. D'ailleurs, la nature même des matériaux influe puissamment sur le choix des divers appareils. Ainsi, dans les régions où la pierre de taille est dure et difficile à débiter (la Bourgogne et le Lyonnais), l'appareil est plus grand ; dans celles, au contraire, où la pierre est tendre et facile à débiter (la Nor-

---

1 Nous devons cette figure, ainsi qu'une vingtaine d'autres, à la bienveillance de M. Viollet-le-Duc. Elles sont tirées de son grand *Dictionnaire raisonné d'architecture*. (Chez M. Morel. Paris, rue Bonaparte, 13.)

Fig. 4. — Crypte de Saint-Eutrope, à Saintes.

mandie et tout l'Ouest de la France), l'appareil est petit et serré. Dans les contrées où l'on peut se procurer des pierres de différentes couleurs, par exemple, le grès jaune, le calcaire blanc, la lave grise, on façonne une sorte de *mosaïque d'appareil* qui reproduit les combinaisons géométriques les plus variées, et dont on se sert pour décorer les parois unies. L'*opus spicatum* et l'*opus reticulatum* des Romains sont aussi toujours usités.

Nous constaterons avec plusieurs architectes que l'étude de l'appareil, dans les monuments du moyen âge, est indispensable lorsqu'on veut les réparer sans compromettre leur solidité et altérer leur cachet propre.

CONTRE-FORTS

D'abord peu saillants, les contre-forts deviennent peu à peu plus considérables, et leur saillie ira toujours en augmentant à mesure que nous approcherons du XIII° siècle. Tantôt très-épais à leur base, ils montent en deux ou trois *ressauts* [1] plus amoindris l'un

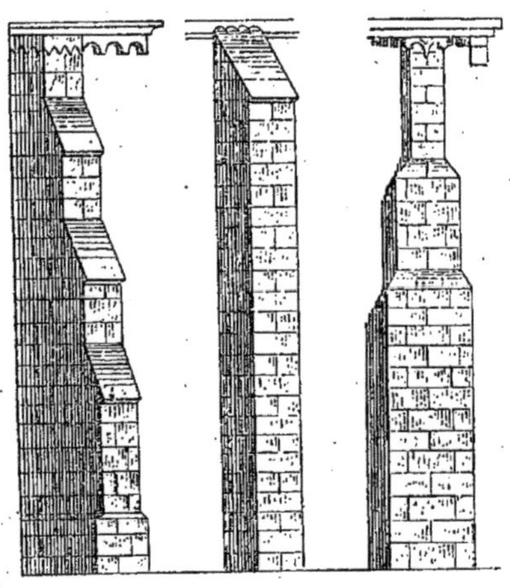

Fig. 5.   Fig. 6.   Fig. 7.

que l'autre jusqu'au haut du mur, où ils arrivent assez minces pour ne pas dépasser la saillie de la corniche (fig. 5); tantôt ils

[1] On appelle *ressaut* ou *membre retraité*, tout membre qui fait saillie sur la ligne perpendiculaire générale d'une maçonnerie.

montent tout droits, sans plusieurs étages retraités, jusqu'au faîte (fig. 6) ; quelquefois ils s'arrêtent à la moitié ou aux deux tiers de la hauteur du mur ; quelquefois ils diminuent de largeur, à mesure qu'ils s'élèvent (fig. 7).

Dans certaines églises dont les murs sont tout entiers en blocage, les fenêtres sont percées dans les contre-forts eux-mêmes, afin d'éviter la dépense de nouvelles pierres de taille, qui eussent été nécessaires pour former les jambages et les archivoltes de ces fenêtres, si elles avaient été ouvertes entre les contre-forts. (On rencontre cette singulière disposition à l'église de Montgaroult, dans l'Orne, à celle de Saint-Laurent, près de Falaise, et à celle d'Ecajeul, près de Mézidon, dans le Calvados.)

ARCS ET ARCADES

Le plein-cintre est la forme constamment affectée pour les arcades. Seulement, outre l'arc en plein-cintre régulier, l'arc surhaussé, l'arc surbaissé et l'arc en fer à cheval que nous avons indiqués aux siècles précédents, on rencontre à présent l'*arc trilobé*, ainsi appelé parce qu'il se subdivise intérieurement en trois

Fig. 8.

autres petits arcs, ou *lobes* (fig. 8). — L'arc triomphal continue à être plus orné, soit par des sculptures, soit par des peintures.

Observons avec M. de Caumont que l'irrégularité des arcades est chose fréquente. (On trouve dans les belles arcades de la cathédrale de Bayeux un exemple frappant de cette irrégularité ; aucune d'elles n'a le même diamètre : il y en a de surbaissées, de cintrées en fer à cheval, et l'*extrados*[1] de chacune s'élève à des hauteurs différentes.)

ORNEMENTS

Il ne faut évidemment pas songer à donner tous les ornements inventés par les sculpteurs du XI° siècle. On comprend que variant et se modifiant d'après le goût particulier de chaque province et même de chaque individu, ils doivent être innombrables. Nous nous contenterons donc d'indiquer les plus usités.

Le *tore simple* (fig. 9), le *tore tordu* ou *torsade* (fig. 10), le

Fig. 9.

Fig. 10.

Fig. 11.

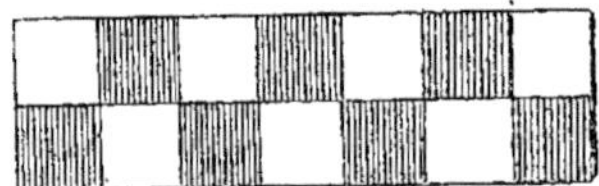

Fig. 12.   Fig. 13.

tore ondulé (fig. 11), le *tore rompu* ou *damier* (fig. 12), les *dents de scie* (fig. 13), les *pointes de diamant* ou *têtes de clou* (fig. 14),

[1] L'*extrados* d'un arc est sa partie extérieure et convexe: par contre, l'*intrados* est sa partie intérieure, concave.

les *étoiles* (fig. 15), les *besants* (fig. 16), les *billettes* (fig. 17), les

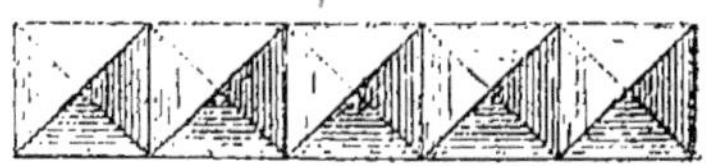

Fig. 14.

Fig. 15.

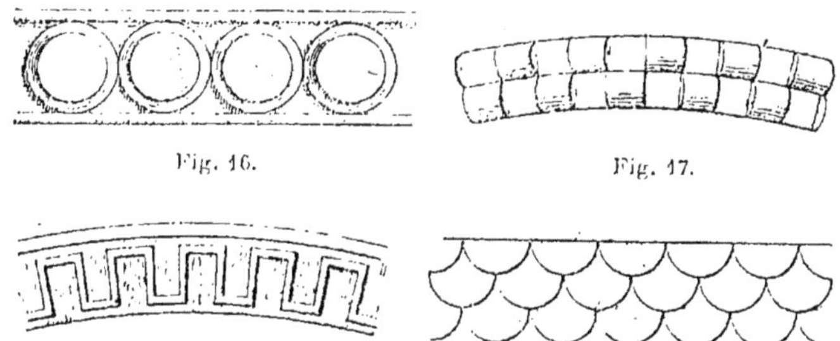

Fig. 16.   Fig. 17.

Fig. 18.   Fig. 19.

frettes crénelées (fig. 18), les *imbrications* (fig. 19), les *bâtons rompus* ou *zig zags simples*, *doubles* et *triples* (fig. 20), ceux dont les

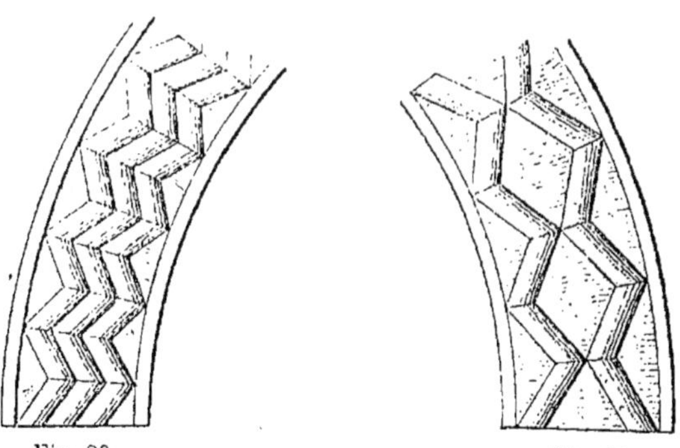

Fig. 20.   Fig. 21.

angles sont *opposés* (fig. 21), les *têtes plates* (fig. 22), les *ro-*

settes (fig. 23), les *méandres* (fig. 24), les *moulures nattées* (fig. 25),

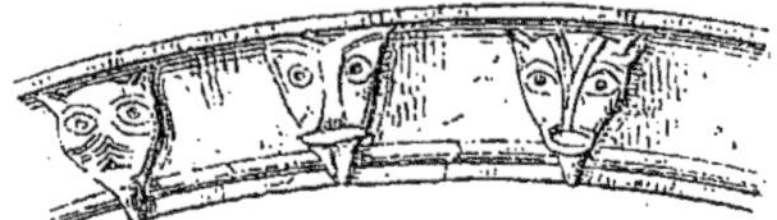

Fig. 22.

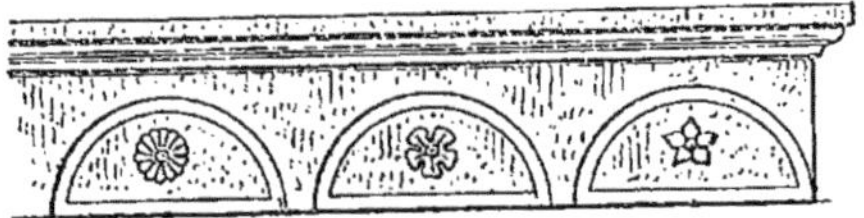

Fig. 23.

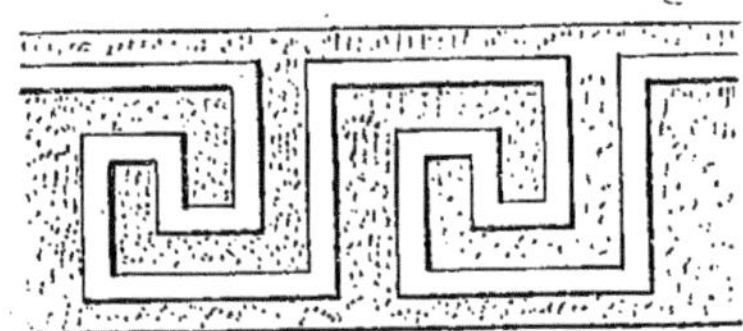

Fig. 24.

les *perlées* (fig. 26), les *palmettes* (fig. 27), les *entrelacs* (fig. 28),

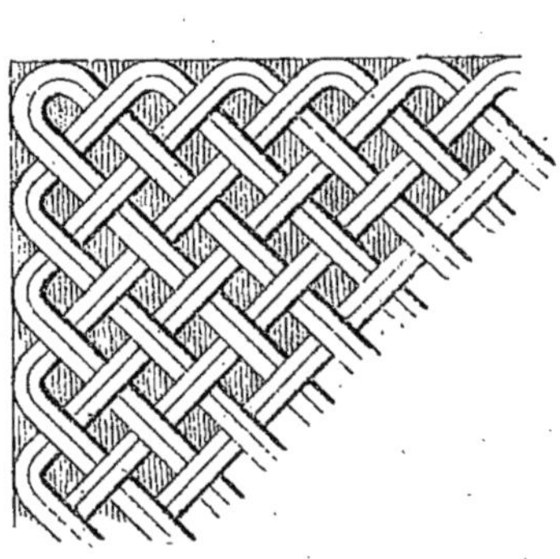

Fig. 25.

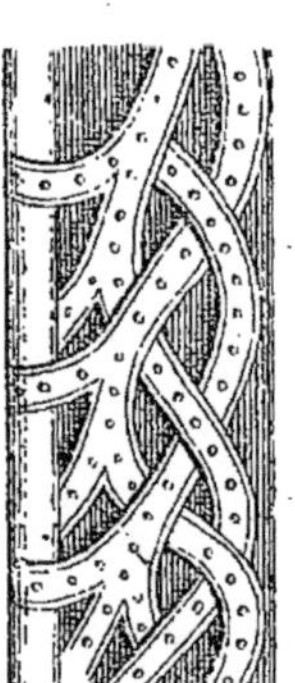

Fig. 26.

les *rinceaux* (fig. 29). Dans plusieurs contrées, les *moulures dites géométriques,* parce qu'elles décrivent des carrés, des losanges, des triangles, etc., dominent encore.

Fig. 27.

Fig. 28.

Fig. 29.

Les murs des nefs latérales sont toujours tapissés d'arcatures. — Il est peut-être bon de noter qu'à cette époque où la grande préoccupation des architectes est avant tout de fortifier les murs le plus possible, à cause de la poussée des voûtes, les arcatures sont employées non plus seulement comme motif d'ornementation, mais aussi comme moyen de consolidation : elles augmentent en effet leur épaisseur à des endroits très-rapprochés. Souvent aussi on se sert des arcatures, à l'extérieur, pour déguiser la nudité des absides et surtout des façades, qu'on ne sait pas encore comment ornementer. Quelques-unes de ces arcatures en plein-cintre sont surmontées d'un triangle.

Enfin on place fréquemment sous les corniches des murs, comme pour les soutenir, des *modillons* ou *corbeaux* de toutes les formes. Les uns représentent des têtes d'animaux, des griffons, des figures grimaçantes ; les autres, des écussons et même divers objets d'un usage habituel aux ouvriers, tels que la bouteille, le

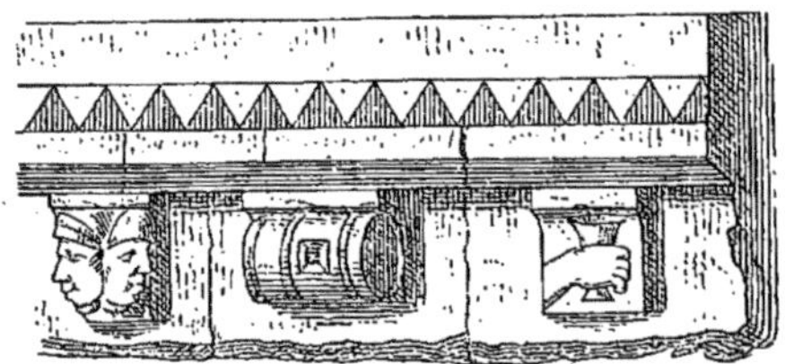

Fig. 30.

baril, le verre à boire, etc. (fig. 30). — La corniche elle-même est parfois couverte de bâtons rompus, de dents de scie, de billettes, etc.

FENÊTRES ET ROSES

I. Les fenêtres sont encore pour la plupart très-simples et présentent peu de variété. Ce sont toujours deux pieds droits dépourvus de toute ornementation, portant une archivolte en plein-cintre. « Ces archivoltes seules étaient parfois entourées d'un cordon mouluré, uni ou avec billettes. Cependant déjà, dans le sanctuaire, on cherchait à éviter cet excès de simplicité en plaçant sous les archivoltes deux colonnettes en guise de pieds-droits, et cela comme une sorte d'encadrement qui donnait de l'importance et de la richesse à la baie [1]. »

Quoique leurs proportions varient suivant la place qu'elles

---

[1] On donne le nom de *baie* soit à l'ouverture d'une fenêtre, soit à celle d'une porte.

occupent, elles sont toujours néanmoins d'une grandeur moyenne.

II. En réminiscence de l'ancien *oculus* des basiliques, on pratique souvent dans le fronton du pignon occidental une ouverture circulaire. Mais jusqu'à la seconde moitié du XII° siècle cette ouverture a peu de diamètre, un mètre tout au plus, et est dépourvue de rayons.

FAÇADES

C'est à dessein qu'à dater du XI° siècle nous changeons le titre de ce paragraphe. Car désormais, non-seulement les portes proprement dites, mais l'ensemble des façades tout entier mérite de fixer notre attention.

Les portes tiennent cependant la plus grande place dans l'ordonnance des façades romanes, surtout quand les églises sont petites. Comme nous le disions dans le chapitre précédent, les portes antérieures au XII° siècle sont encore d'une forme très-simple et ne paraissent avoir été décorées que de quelques moulures. Parfois deux ou trois archivoltes concentriques, garnies de bâtons rompus, d'étoiles, de pointes de diamant, de dents de scie, etc., sont supportées par des colonnettes en nombre égal, tandis que les tympans se couvrent d'imbrications, de damiers ou même de peintures (fig. 31).

Elles sont surmontées d'un ou de plusieurs étages d'arcatures ou de fenêtres, étages tous séparés les uns des autres par des *bandeaux* ¹ simples ou moulurés. Les fenêtres sont souvent au nombre de trois, mais celle du milieu est ordinairement seule ouverte.

Un fronton triangulaire, plus ou moins aigu selon l'inclinaison du toit, termine la façade. Il repose sur une sorte de corniche portée elle-même par des corbeaux, et il est percé au milieu, ainsi que nous venons de le voir, d'une petite ouverture ronde.

Les porches, que nous avons vus précédemment n'être que de simples galeries ouvertes, sont à présent, dans beaucoup d'églises, de véritables monuments ayant des proportions considérables.

---

¹ Un *bandeau* est une bande plate, ou plinthe, faisant saillie sur un mur.

Bâtis en pierre, avec voûtes, collatéraux et tribunes, fermés de
tous côtés, avec une porte d'entrée, ce sont comme de véritables
églises précédant l'église. Aussi M. Viollet-le-Duc les appelle-t-il
antéglise.

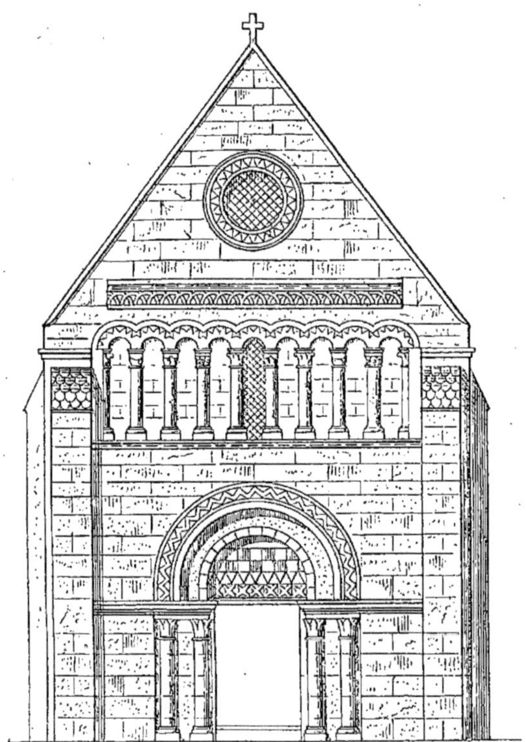

Fig. 31.

L'usage de ces vastes porches s'est conservé jusqu'au XIIIᵉ siècle,
où ils semblent avoir été remplacés par les *portails*. « Jusque
vers le milieu du XIIᵉ siècle, on ne concevait pas une église cathédrale, conventuelle ou paroissiale, sans un porche au moins
devant l'entrée majeure. »

Nous citerons tout de suite, pour ne pas être obligés de revenir
plus tard sur ce point, le porche de l'église de Vézelay, construit

7

vers 1130, qui a 25^m de largeur sur 21^m de longueur ; celui de Cluny, à peu près de la même époque, qui n'avait pas moins de 35^m de longueur sur 23^m de largeur et sur 33^m de hauteur.

Disons en passant qu'outre leur destination religieuse, ces porches servirent aussi aux seigneurs laïcs pour rendre la justice. Car, sans parler d'autres témoignages dignes de foi, on lit en tête de beaucoup d'actes judiciaires cette formule : *inter leones*. En effet, les colonnes qui portent l'arcade de l'entrée d'un certain nombre de porches, principalement dans le Midi, reposent sur le dos de deux lions. — (Ex. : cathédrale d'Arles, église Saint-Gilles, dans le Gard, cathédrale du Mans.)

PILIERS ET COLONNES

Les colonnes et les piliers massifs et disgracieux des siècles précédents continuent à se produire. Les architectes paraissent n'avoir nul souci d'établir des proportions entre leur hauteur et

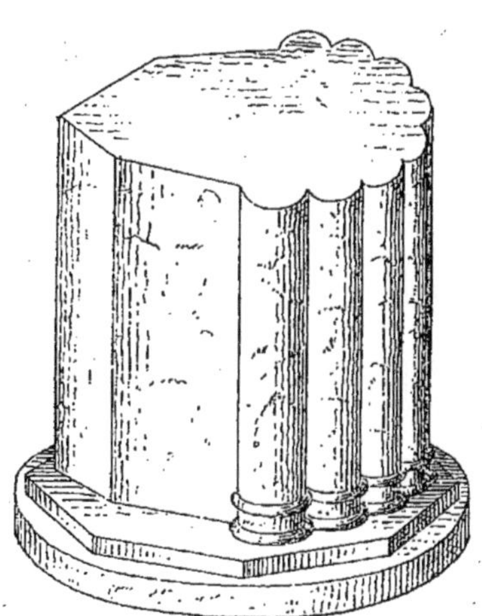

Fig. 32.

leur diamètre. Ne sachant aussi quelles formes leur donner, ils ont, ce semble, entrepris de les essayer toutes l'une après l'autre : sections carrées, carrées avec arêtes circulaires ou simplement abattues, sections carrées cantonnées de colonnettes, sections circulaires, sont employées simultanément, mais toujours sans qu'aucune d'elles soit définitivement adoptée. Pourtant leurs préférences finissent par se tourner vers le pilier cantonné de colonnettes (fig. 32). Cette innovation, une des plus importantes du XIe siècle, est un des germes les plus féconds de cette belle architecture si élancée et si élégante, qui se développera au XIIIe et au XIVe siècle. — Les colonnettes cantonnant les piliers romans sont généralement, pendant le XIe et le XIIe siècles, engagées d'un tiers seulement; quelle que soit la dimension des édifices, leur diamètre varie de 0m 33c à 0m 42c.

Se souvenant des colonnes sculptées des monuments romains et gallo-romains, les architectes ornent parfois les fûts de leurs colonnes et de leurs colonnettes de cannelures, de torsades, d'enroulements, d'imbrications, de feuillages, de dessins alvéolaires et géométriques, de guirlandes de perles, voire même de sujets

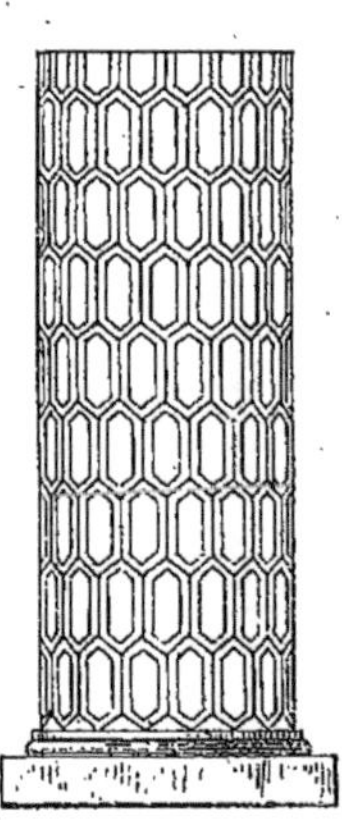

Fig. 33.

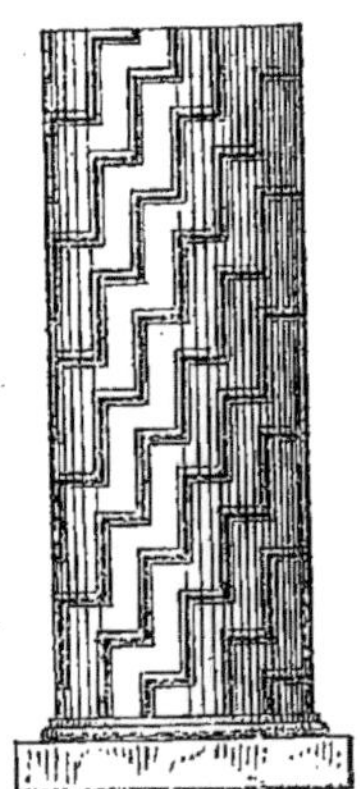

Fig. 34.

légendaires (fig. 33 et 34). Mais il faut ajouter que ce genre de décoration n'est ordinairement employé qu'aux portes, pour donner plus de richesse à l'entrée de l'église, et qu'il fut beaucoup plus usité au XIIe siècle.

Bases. — Il n'est pas facile d'indiquer le type ordinairement adopté pour les bases du XIe siècle. « Un monument antique encore debout, un fragment mal interprété, le goût de chaque tailleur de pierre influaient sur les bases de tel monument, sans qu'il soit possible de reconnaître parmi tous ces exemples, d'une exécution souvent très-négligée, une idée dominante. » Cependant, dans les centres les plus avancés, elles perdent les profils de la base antique pour en suivre de nouveaux. Ces profils, peu saillants, sont souvent fins et d'un *galbe* [1] délicat ; quelques-unes sont couvertes d'ornements et même de figures d'animaux.

Chapiteaux. — Tant que l'on ne construisit pas de voûtes, et que la colonne eut son entablement, le chapiteau fut un simple ornement ; il ne faisait que couronner le fût de la colonne. Mais quand l'entablement disparaît et que le système des voûtes est trouvé, il devient un membre absolument nécessaire : il a, en effet, à supporter à lui seul la retombée des voûtes, les colonnettes engagées n'ayant pas, pour cela, assez d'épaisseur. Aussi voyons-nous les architectes du XIe siècle préoccupés de leur donner des formes et des dimensions en rapport avec leur fonction nouvelle.

Fig. 35.

Toujours cubiques, ils sont plus évasés qu'auparavant : leur tailloir est double, l'un tenant à l'assise même du chapiteau, l'autre appartenant à une assise à lui particulière, et faisant tablette très-

[1] Ce mot exprime la forme, le contour d'un membre d'architecture, par exemple, d'une colonne, d'une statue. On dit : une statue d'un beau *galbe.*

saillante. — Leur ornementation est on ne peut plus variée. Autant de chapiteaux, autant de motifs différents : tantôt ils se couvrent de feuillages et de fleurs, tantôt d'enlacements perlés (fig. 35), d'animaux, quelquefois même de personnages représentant de la manière la plus bizarre des scènes de l'Ancien et du Nouveau Testament. Ces derniers chapiteaux sont dits *chapiteaux historiés* (fig. 36).

Fig. 36.

Remarquons encore en passant combien ces chapiteaux, de composition si diverse, offrent plus d'intérêt pour l'esprit et les yeux que ces longues files de chapiteaux romains ou grecs, tous copiés sur le même modèle.

Dans certaines églises on trouve, mais rarement, au lieu de colonnes, des pilastres ou unis, ou cannelés, ou ornés de dessins plus ou moins compliqués. C'est encore là une dernière réminiscence de l'architecture romaine.

VOUTES

La construction des voûtes est pour les architectes du XIe siècle la question capitale. Aussi est-elle le but constant de leurs études et de leurs efforts. Malgré cela, ce but ne sera véritablement atteint, ces efforts ne seront complétement couronnés de succès qu'au XIIe siècle, lorsque les croisés, comme nous l'avons dit, après avoir admiré et étudié les voûtes des églises de l'Orient, rapporteront avec eux les moyens d'en bâtir de semblables.

Toutefois, dès le XIe siècle, les architectes essaient la voûte en *berceau*, c'est-à-dire la voûte composée d'une demi-circonférence continue. Et afin de lui donner plus de solidité, ils la partagent

Fig. 37.

en plusieurs parties au moyen d'*arcs-doubleaux* saillants, également espacés, A (fig. 37). Ces arcs-doubleaux reposent sur les piles et

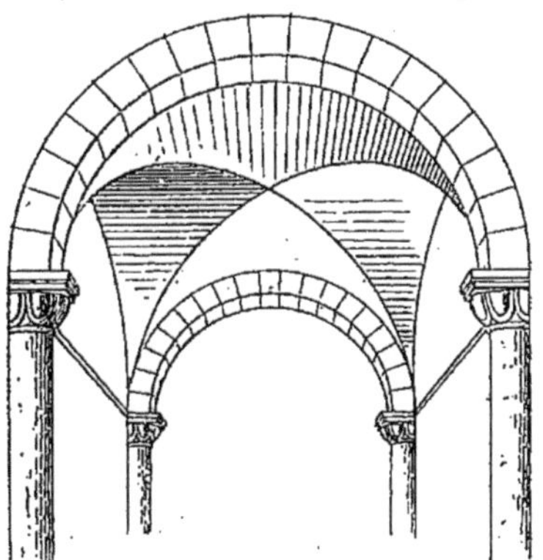

Fig. 38.

sont pour les voûtes, comme celles-ci pour les murs, la ligne de démarcation d'une *travée*.

Mais la poussée continue de cette sorte de voûte force bientôt les architectes à l'abandonner, ou du moins à la perfectionner. A la fin du XIe siècle, ils imaginent de diviser encore ces voûtes partielles en quatre petits voûtains triangulaires indépendants l'un de l'autre, au moyen d'arêtes tracées en diagonale : ce qui les a fait appeler *voûtes d'arêtes* (fig. 38). — Toutefois ces voûtes s'appuyant directement sur les murs, dans la maçonnerie desquels ils sont engagées, ont encore l'inconvénient de trop les charger et courent le danger, si ces murs, par suite de cette pression, viennent à s'écarter, de manquer de point d'appui et de s'effondrer. Alors les architectes inventent les *arcs formerets*, qu'ils bandent longitudinalement d'une pile sur l'autre, et sur lesquels ils font reposer, par

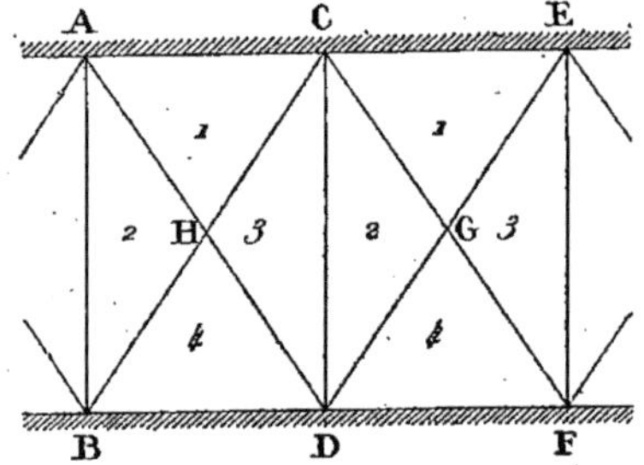

AE, BF, murs de la nef.
AB, CD, EF, arcs doubleaux.
AC, CE, BD, CF, arcs formerets.
AD, CB, CF, ED, arcs diagonaux.
1, 2, 3, 4, voûtains.

Fig. 39.

travée, deux de leurs voûtains triangulaires, soit A H C, B H D (fig. 39). Par ce moyen, les voûtes reposent uniquement sur les piles, et les murs ne sont plus que de simples clôtures, qu'à la rigueur on pourrait bâtir après coup, ou supprimer.

Dans les provinces du sud-ouest de la France, au lieu de la voûte en berceau et de la voûte d'arêtes, on emploie, depuis le commencement du XIe siècle, la *coupole*.

La coupole, du reste, ainsi que nous l'avons vu, vient aussi de l'Orient. Elle fut apportée en France par les Vénitiens, qui, pendant trois siècles (le VIIIe, le IXe et le Xe), furent, pour ainsi dire, les seuls entremetteurs de commerce entre l'Orient et l'Occident, et qui en particulier vinrent de 979 à 989, si l'on s'en rapporte à des documents historiques dignes de foi, établir des entrepôts très-importants entre la Loire et la Dordogne. Il était tout naturel que leur influence même en architecture, surtout alors que tout était à l'état d'essai et d'hésitation, se fît sentir sur nos architectes et les portât à adopter pour les voûtes ce mode de construction, qu'ils avaient eux-mêmes emprunté aux Orientaux. En effet, dans le même temps que les colonies vénitiennes s'installaient à Limoges, « on commençait à vingt lieues de distance, dit M. de Verneilh [1], et dans une ville située sur leur itinéraire naturel, un édifice qu'on

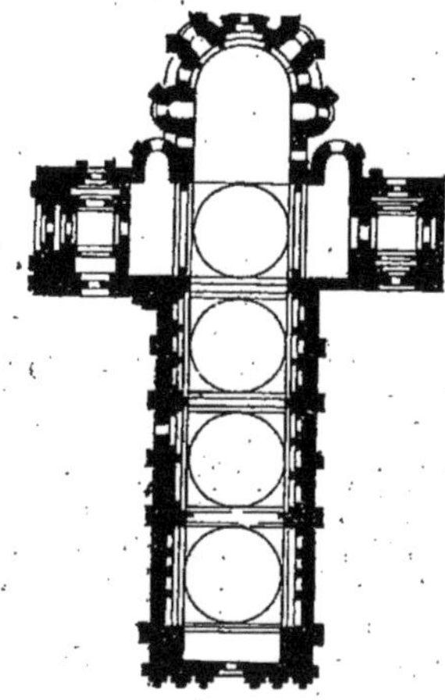

Fig. 40.

peut justement appeler vénitien, une copie de la basilique de Saint-Marc. » C'était Saint-Front, de Périgueux, construit de 976 à 1047. Il reproduisait Saint-Marc de Venise, commencé vers 976, qui lui-même reproduisait Sainte-Sophie de Constantinople, bâtie sous le règne de Justinien, et dans laquelle « fut élevée, l'an 522, la première coupole de forme hémisphérique. » — La *voûte à coupole* sera jusqu'au milieu du XIIIe siècle

<hr>

[1] *Architecture byzantine en France.*

le type admis pour les voûtes des églises dans le Périgord, l'Aquitaine, la Saintonge, le Poitou et l'Anjou.

La *coupole* est une voûte formée d'une *demi-sphère*; c'est dire que pour voûter une nef plus longue que large, il faut élever autant de coupoles que la largeur de l'édifice est contenue de fois dans la longueur; si par exemple l'édifice a 50^m de longueur sur 10^m de largeur, il y aura cinq coupoles. Ainsi, l'édifice présentera aux yeux de l'observateur autant de voûtes partielles que de coupoles (fig. 40). Du reste, en réalité, il en est de même pour les théories du constructeur. Les coupoles sont absolument indépendantes et isolées l'une de l'autre. Chacune d'elles repose sur quatre énormes piliers ou plutôt sur quatre arcades, dont deux longitudinales et deux transversales, qui réunissent ensemble ces piliers

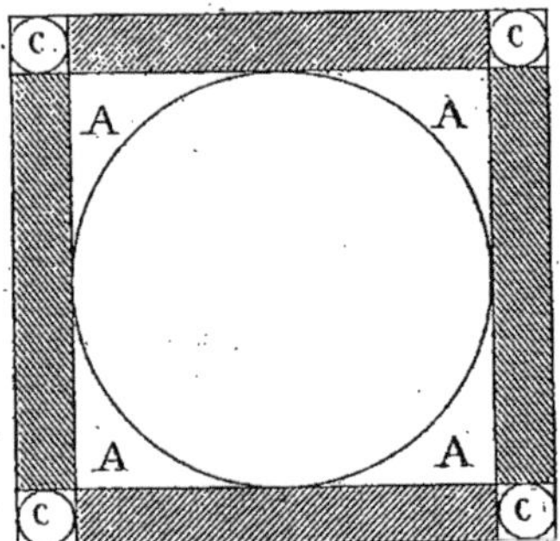

Fig. 41.

(fig. 41). — Mais la difficulté était d'établir une demi-sphère de sa nature ronde sur quatre piliers élevés sur un plan carré. Pour cela, les architectes remplissent les espaces triangulaires, A (fig. 41), correspondant aux quatre angles du carré, d'une maçonnerie d'appareil disposée de façon à former au-dessus de la tête des arcades une coupe horizontale circulaire, sur laquelle s'appuiera la demisphère ou la coupole proprement dite. — Les espaces triangulaires, A, sont appelés *pendentifs*; et, pour cette raison, les coupoles ainsi construites sont dites *coupoles à pendentifs*. — Pour faciliter l'intelligence de ces sortes de voûtes, nous en donnons, fig. 42, une vue perspective.

Quelquefois, mais rarement, la demi-sphère est portée sur des

Fig. 42.

arcs ou des corbeaux en *encorbellement* [1], avec *trompe* ou *trompillons* [2]. Voici (fig. 43) le plan par terre d'une coupole ainsi dis-

[1] On appelle construction en *encorbellement* une construction qui surplombe sur le nu d'un mur.

[2] On appelle *trompe* ou *trompillon* une sorte de petite voûte ayant la figure d'une coquille et faisant saillie sur le mur auquel elle adhère ; elle sert à supporter une construction en encorbellement.

posée. De chaque côté, trois arcs en encorbellement au-dessus les uns des autres, C, D, reposent sur les deux arcs-doubleaux, A, B,

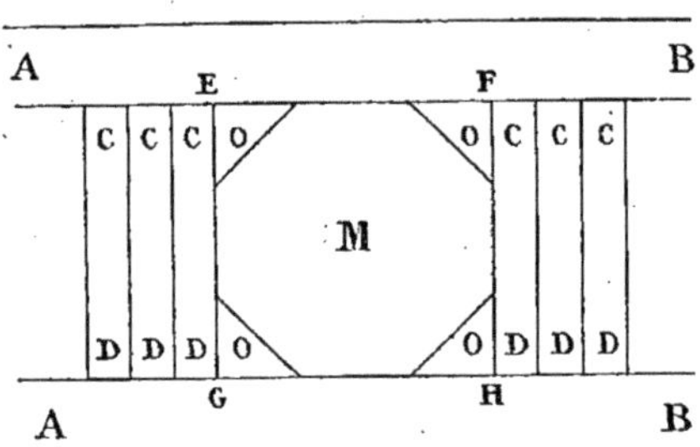

Fig. 43.

afin d'arriver au carré parfait, E, F, G, H. Aux quatre angles de ce carré, quatre trompillons, O, forment l'octogone sur lequel repose la coupole, M.

CLOCHERS

A dater du XIe siècle, toutes les églises grandes et petites ont leur clocher. « Mais toutes les provinces n'adoptent pas les mêmes dispositions quant à la place ou quant à la forme à leur donner. Les unes, comme l'Auvergne et le Centre, plantent leurs clochers d'abord sur la rencontre des transepts avec la nef, sur la croisée et sur la façade ; les autres, comme les provinces françaises proprement dites, les placent en avant des nefs et dans les angles des transepts. D'autres enfin, comme les provinces méridionales, hésitent, ne font pas entrer les clochers dans le plan général de l'église, ou ne leur donnent qu'une minime importance. » Pour la forme, chaque grande région a aussi son type particulier : type qui varie, pour ainsi dire, à l'infini. — A mesure qu'on descend vers le Midi, ils deviennent, sauf quelques rares exceptions, lourds et trapus.

Ne pouvant donner toutes les formes adoptées dans les différentes parties de notre territoire, nous constaterons seulement qu'en général les clochers se composent de deux parties bien distinctes : 1° d'une *tour carrée* flanquée de contre-forts peu saillants ; 2° d'une *pyramide* en pierre ou en charpente assise sur la tour.

Toutes les *tours* antérieures au XIII° siècle, qui sont placées aux façades, présentent l'aspect de tours fortifiées, au moins dans leur partie inférieure. A peine ont-elles quelques fenêtres, ou plutôt quelques meurtrières très-étroites. Du reste il ne faut pas oublier que dans ces périodes du moyen âge, si tourmentées par les incursions normandes et par les querelles des seigneurs entre eux, l'église, qui était le monument de tous, servait au besoin de lieu retranché et devenait le dernier abri pour les habitants d'une contrée entière. Il est après cela tout naturel que les tours élevées au point le plus attaquable des églises fussent bâties le plus solidement possible et ne fournissent point d'ouvertures à l'ennemi. La partie supérieure destinée à recevoir les cloches et pour cela appelée, par extension, *beffroi* [1], est au contraire percée de fenêtres relativement nombreuses, afin de permettre au son de se répandre plus loin et plus facilement. Ces fenêtres, ordinairement géminées, ont leur cintre appuyé sur des colonnettes et entouré dès à présent de belles archivoltes. Elles ont souvent au-dessous d'elles un rang d'arcatures aveugles.

Les *pyramides*, quand elles existent, ont encore peu d'élévation. On ne saurait même donner le nom de pyramides à la plupart des toitures qui couvrent les tours de nos églises rurales. Comme les tours, elles sont toujours à quatre pans. Ce ne fut que plus tard qu'on apprit à élever des pyramides octogones sur des tours quadrangulaires.

Quant aux clochers centrals, ils se composent, dans leur partie inférieure, d'une coupole très-allongée qui repose sur les quatre principaux piliers du chœur, et se terminent par une petite flèche à huit pans. (Tels étaient les clochers centrals, dernièrement rétablis, des églises d'Issoire, de Notre-Dame-du-Port, à Clermont, de Saint-Nectaire, dans le Puy-de-Dôme, bâtis pendant la seconde

---

[1] A proprement parler, un *beffroi* est un ouvrage en charpente, destiné à porter les cloches elles-mêmes, et permettant de les mettre en mouvement.

moitié du XIe siècle.) L'intérieur, laissé vide jusqu'à la naissance
de la pyramide, est apparent du pavé du chœur, c'est-à-dire
qu'il n'est pas, ainsi que les autres clochers, fermé à sa base par
une voûte : percé en outre de deux ou trois étages de fenêtres, il
forme comme une belle lanterne, profonde et très-éclairée, qui
contribue beaucoup à donner de la grandeur et de l'élévation au
vaisseau tout entier.

PEINTURE MURALE

Il est admis par tous les archéologues que plus on remonte vers
les temps antiques, plus on reconnaît qu'il existait une alliance
intime entre l'architecture et la peinture. Sans parler des Égyp-
tiens et même des Indous, tous les Grecs, aussi bien les Doriens
que les habitants de l'Attique et de la Grande-Grèce, couvrirent
leurs édifices de peintures. Les Romains paraissent avoir été les
premiers qui aient élevé des monuments de marbre ou de pierre,
sans aucune coloration. Encore faut-il excepter leurs enduits de
stucs, qui étaient très-souvent peints, et peints avec une rare perfection. Il suffit pour s'en convaincre de visiter seulement les belles
ruines de Pompéi.

Ces traditions se perpétuent pendant toute la période du moyen
âge. Alors, comme dans la bonne antiquité, la peinture murale
n'est jamais *distincte* de l'architecture. Nous ne citerons à l'appui
de ce fait que trois témoins : d'abord le poëte saint Fortunat, qui
vivait dans la seconde moitié du VIe siècle ; il parle des peintures
que saint Félix, évêque de Nantes, fit exécuter dans sa cathédrale.
Ensuite saint Grégoire de Tours ; dans plusieurs endroits de ses
écrits, il fait mention de peintures qui ornaient les églises et les
palais de son temps, entre autres une église bâtie à Clermont en
l'honneur de saint Étienne ; lui-même, quand il reconstruisit les
basiliques de Saint-Perpétue, détruites par un incendie, « les fit
peindre et décorer par les ouvriers du pays avec tout l'éclat qu'elles
avaient auparavant [1]. » Plus tard enfin, l'historien de la cathédrale

---

[1] Basilicas sancti Perpetui adustas incendio reperi, quas in illo nitore vel
pingi, vel exornari, ut prius fuerant, artificum nostrorum opere, imperavi.
(*Historia Francorum*, lib. X, cap. XXXI, § 19.)

de Reims rapporte que lorsqu'on la reconstruisit, la voûte fut ornée
de peintures. « Nous constaterons, dit de son côté M. Viollet-le-
Duc, que dès l'époque gallo-romaine, c'est-à-dire vers le ive siècle,
tous les monuments paraissent avoir été peints en dedans et en
dehors. Cette peinture était appliquée soit sur la pierre même,
soit sur un enduit couvrant les murs, et elle ne consistait, pour
les parties élevées, qu'en une sorte de badigeon blanc ou blanc
jaunâtre sur lequel étaient tracés des dessins très-déliés en noir
ou en ocre rouge. Près du sol apparaissent des tons soutenus,
brun, rouge ou même noir, relevés de quelques filets jaunes, ver-
dâtres ou blancs..... Ce genre de décoration peinte paraît avoir
été longtemps pratiqué dans les Gaules et jusqu'au moment où
Charlemagne fit venir des artistes d'Italie et d'Orient. » Il faut
encore ajouter à tous ces détails que les peintres, peu habiles
dans l'art du dessin, appliquent de préférence la peinture à la
sculpture d'ornements, aux moulures, aux profils, aux contours,
comme pour les accentuer davantage et leur donner de l'importance.

MONUMENTS

Cathédrale d'Angoulême (en partie).
Église Notre-Dame-du-Port, à Clermont (presque tout entière.)
Église de Saint-Savin (presque en entier).
Église Saint-Hilaire, à Poitiers (presque en entier).
Église Saint-Paul, à Issoire (Puy-de-Dôme) (en entier).
Église Saint-Étienne, à Nevers (presque tout entière).
Église Saint-Germain-des-Prés, à Paris (en partie).
Église Saint-Martin-des-Champs, à Paris (en partie).
Église de Saint-Nectaire (Puy-de-Dôme) (en grande partie).
Église de Saint-Benoît-sur-Loire (Loiret) (en partie).
Église Notre-Dame-du-Pré, au Mans (en grande partie).
Église de Créteil (Seine).
Église de Quimperlé (Finistère).

CHAPITRE VI

ARCHITECTURE ROMANE TERTIAIRE

ou

DE TRANSITION

(XIIe siècle.)

Le grand fait de cette période est l'apparition, vers le milieu du XII° siècle, de l'arc en *tiers-point* ou *ogive*. Car cet arc sera le principe de tout un nouveau système de construction qui, à cause de sa perfection, de sa magnificence et surtout de son caractère essentiellement religieux, ne sera jamais surpassé ni même égalé. Mais l'arc en tiers-point commence d'abord par s'allier à l'arc en plein-cintre ; et c'est précisément ce mélange qui constitue et caractérise avant tout l'architecture du XII° siècle. Appelée architecture de transition, nous la verrons en effet, tout en conservant les traditions de l'ancienne architecture, accepter volontiers les nouvelles formes de celle qui se prépare, et servir ainsi de passage de l'une à l'autre. Elle est comme le *perfectionnement de l'architecture romane du* XI° *siècle* et comme *l'essai de l'architecture ogivale du* XIII°.

Ne pouvant songer à indiquer toutes les combinaisons que produisit le mélange des deux formes, nous dirons seulement avec M. L. Vitet que, malgré le grand nombre d'édifices construits pendant cette période, « on peut affirmer qu'il n'en est pas deux où le plein-cintre et l'ogive occupent les mêmes places, et soient distribués dans le même ordre et les mêmes proportions : ici, l'ogive domine dans l'intérieur du monument, tandis que toutes les ouvertures extérieures sont à plein-cintre ; là, les deux formes sont entremêlées aussi bien au dedans qu'en dehors ; quelquefois c'est seulement dans les ouvertures extérieures du chœur que la forme aiguë apparaît timidement ; ailleurs c'est uniquement dans la façade qu'on peut en apercevoir quelques indices ; tantôt le plein-cintre est seul admis dans les parties inférieures de l'édifice, tandis que les étages supérieurs semblent réservés à l'ogive ; tantôt, mais plus rarement, c'est l'ogive, comme à Noyon, par exemple, qui règne seule dans les premiers étages, tandis que le plein-cintre est relégué dans le haut. L'énumération de toutes ces variétés serait interminable et sans profit. Il suffit de constater que, quelle que soit la manière dont l'ogive se mêle au plein-cintre, dès l'instant qu'elle occupe dans un monument, soit au dedans, soit au dehors, et plutôt dans les parties verticales que dans les voûtes, une place assez notable pour qu'il ne soit pas permis de supposer qu'elle la doive seulement au hasard, le monument est à coup sûr un monument de transition. »

Ces données générales exposées, nous entrons dans les détails de cette période.

PLAN

Nous retrouvons au XIIe siècle les beaux plans du XIe, absolument tels que nous les avons décrits. C'est pourquoi nous ne faisons qu'ajouter à ce que nous avons déjà dit qu'ils se propagent de plus en plus. A l'intérieur des édifices, les travées offrent aussi les mêmes dispositions. — (Un des plans les plus remarquables que l'on puisse citer de cette période est sans contredit celui de Notre-Dame de Noyon, bâtie de 1150 à 1170.)

APPAREIL

Le petit et le moyen appareil sont encore les plus en usage. Quoiqu'ils tendent à disparaître, l'appareil en épi (*opus spicatum*) et l'appareil en damier (*opus reticulatum*) se rencontrent encore souvent. Pour l'appareil mêlé et ornementé de briques, il devient de plus en plus rare.

CONTRE-FORTS ET ARCS-BOUTANTS

I. Pendant la première moitié du XIIe siècle, les églises étant toujours très-simples à l'extérieur, les contre-forts participent à cette simplicité. De plus, les architectes continuant, selon les vieux principes romains, à donner beaucoup d'épaisseur à leurs murs, ils n'attachent encore qu'une médiocre importance aux contre-forts et ne leur donnent que peu de saillie. Mais lorsque, vers le milieu du siècle, le système de construction suivi jusque-là est totalement modifié, lorsque les murs ne sont plus que comme une sorte de remplissage destiné uniquement à clore les nefs, sans rien ajouter à la solidité, alors les contre-forts, devenant les membres principaux et nécessaires de l'édifice, prennent une épaisseur et des proportions générales qu'ils n'avaient point encore eues. « Ce n'est cependant que par des transitions que les premiers architectes gothiques arrivent à oser donner aux contre-forts l'importance qu'ils devaient prendre dans les constructions de ce nouveau genre. Leurs premiers essais sont timides ; les traditions de l'architecture romane ont sur eux un reste d'influence à laquelle ils ne peuvent se soustraire brusquement. Il est clair que, tout en voulant adopter à l'intérieur leur nouveau système de voûte, ils cherchent à conserver, à l'extérieur des édifices, l'apparence romane à laquelle leurs yeux sont habitués. » Et de fait, ce n'est qu'au XIIIe siècle qu'ils sauront leur donner les dimensions et l'apparence qui leur convient.

II. Mais nous avons à étudier une innovation bien plus importante. Maintenant qu'il s'agit de voûter les hautes nefs, les contreforts qui, au fond, n'appuient directement que les murs des collatéraux, ne vont plus être suffisants pour résister à la poussée de ces voûtes. Pendant quelque temps, les architectes essayent bien de contre-buter les murs de la grande nef par des *voûtes en demi-berceau* ou par de petites *voûtes d'arête* construites sur les collatéraux ; mais, dans ce cas, il faut élever davantage les collatéraux,

8

et, précisément à cause de cette hauteur, renoncer à ouvrir dans les murs de la grande nef des fenêtres qui l'éclaireraient directement, et se contenter des jours des bas côtés.

Fig. 1.

Ce n'est que dans la seconde moitié du XIIᵉ siècle, après un demi-siècle de tâtonnements et d'essais malheureux, qu'ils pensent à bander un *simple arc* vis-à-vis chacun des arcs-doubleaux et des points de réunion des arcs diagonaux. Cet arc, s'appuyant sur le tête du contre-fort, passe par-dessus le toit du collatéral et va contre-buter le mur à l'endroit principal de la poussée de la voûte (fig. 1) : de là son nom d'*arc-boutant*. — Ainsi, il est possible de donner aux intérieurs des édifices autant de lumière qu'on le désire ; car on peut, dans l'espace compris entre chaque arc, ouvrir des fenêtres aussi larges que l'on veut (fig. 1).

Dorénavant donc, ainsi que nous le disions tout à l'heure, les murs n'auront plus besoin d'avoir que quelques décimètres d'épaisseur ; la solidité de l'édifice sera toute dans la résistance et la stabilité des contre-forts et des arcs-boutants. — A son début, cependant, l'arc-boutant, comme toutes les nouveautés hardies, n'est que timidement employé. Sa courbure est celle d'un quart de cercle ; les claveaux qui le forment sont très-épais, très-lourds et sans ornementation.

ARCS ET ARCADES

La forme des arcs et des arcades reste la même jusqu'au milieu du XIIe siècle, où alors l'arc en plein-cintre disparaît peu à peu pour faire place à l'arc en *tiers-point* ou *ogive*. Cet arc est formé de deux portions de cercle qui se croisent et donnent un angle curviligne plus ou moins aigu, suivant que les centres sont plus ou moins

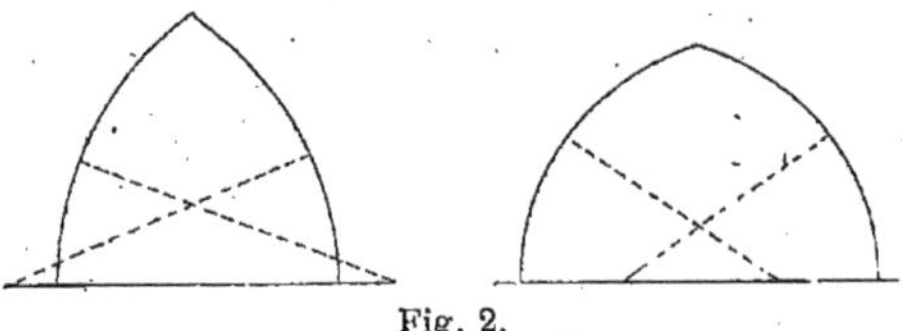

Fig. 2.

éloignés l'un de l'autre (fig. 2). Il commence d'abord par se mêler et s'allier au plein-cintre ; mais grâce à ses grands avantages, ainsi que nous le verrons quand nous traiterons des voûtes, il ne tardera pas à régner bientôt sans partage.

ORNEMENTS

L'ornementation de cette époque conserve d'abord les mêmes motifs et les mêmes modèles qu'au siècle précédent, se contentant de les multiplier et de les perfectionner et dans l'ensemble et dans les détails. Puis peu à peu, s'affranchissant des formes romanes, elle invente un genre nouveau, qui ne se fixe complétement qu'au

Fig. 3.

XIIIe siècle, et que pour cette raison nous n'étudierons que lorsque nous serons arrivés à cette époque. — Nous dirons seulement que les arcatures, avant d'adopter l'arc en tiers-point, prennent l'*arc trilobé* ou à trois lobes cintrés. Quelques-unes sont aussi formées d'arcs plein-cintre entrelacés (fig. 3).

FENÉTRES ET ROSES

I. Les fenêtres tendent à s'agrandir : leurs archivoltes, plus larges et plus nombreuses, s'ornementent surtout davantage. Aux étages supérieurs, elles sont souvent *géminées*, c'est-à-dire disposées deux à deux; quelques-unes même sont réunies trois à trois, et alors celle du milieu est ordinairement plus haute. Presque toujours elles sont encadrées dans un grand cintre. Telle est la disposition des fenêtres, au moins pour la première moitié du XIIe siècle. — Quant à celles de la seconde moitié de cette époque de *transition*, ce qui les caractérise avant tout, c'est le mélange de l'arc en tiers-point avec l'arc en plein-cintre ; ainsi, par exemple, deux fenêtres *géminées*, fermées par un petit arc en tiers-point, sont encadrées dans un grand arc en plein-cintre. Mais les ornements des archivoltes sont toujours les ornements romans : les bâtons rompus, les billettes, les dents de scie, etc. (fig. 4).

Fig. 4.

Ajoutons que les fenêtres qui surmontent les portes ou éclairent les absides, sont toujours plus grandes et plus ornées.

II. Les ouvertures rondes des pignons, qui jusque-là avaient été peu larges et très-simples, s'agrandissent et s'embellissent peu à peu : elles ont, à la fin du siècle, de 5 à 6ᵐ de diamètre. A partir de 1150, on commence aussi à les diviser en plusieurs compartiments par de petites traverses en pierre imitant les rayons d'une roue. Ce qui leur fait donner parfois le nom de *roues*; cependant le plus souvent elles sont appelées *roses*. — Elles vont devenir à présent la décoration obligée des *gables* [1], des transepts et des façades principales, quelquefois même des *chevets* [2].

---

[1] On appelle *gable* la partie supérieure d'un mur, terminé en triangle : on emploie souvent ce mot comme synonyme de *pignon*.

[2] On appelle *chevet* la partie extrême d'une église, que cette partie soit rectangulaire ou circulaire.

FAÇADES

C'est au XIIe siècle que les façades commencent à prendre ces belles proportions qui vont en faire une des parties les plus remarquables de nos monuments du moyen âge. D'abord, comme les pignons prennent de la hauteur et de la largeur, on est obligé, pour soulager le linteau de la porte, d'augmenter le nombre des archivoltes, qui, en réalité, sont de véritables arcs de *décharge*. On en compte jusqu'à cinq, six et même sept les unes au-dessus des autres. Du reste, ce moyen de solidité est en même temps un motif très-heureux de décoration, digne de fixer les regards de l'observateur. — Les tympans ne méritent pas moins son attention : ils se couvrent de sujets, sculptés déjà avec beaucoup de soin et de talent.

Mais bientôt on ne se contente plus d'archivoltes plates. Les baies s'ouvrent *en ébrasements* [1] profonds, que l'on garnit de deux, trois

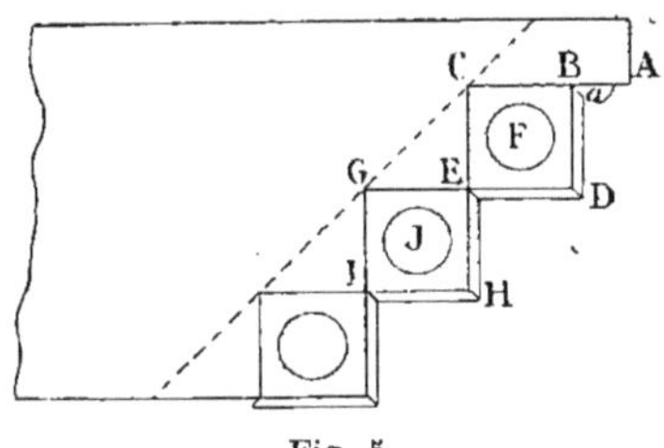

Fig. 5.

ou quatre colonnes placées en perspective et portant un nombre égal d'archivoltes séparées par des *voussures* [2].

Pour faciliter l'intelligence de cette nouvelle théorie très-importante, nous indiquerons la manière dont on procède : A (fig. 5) étant le *tableau* [3] de la porte, on lui laisse un champ de face, a ;

---

1 On appelle *ébrasement* l'évasement intérieur ou extérieur d'une baie quelconque.

2 Les *voussures* sont de petits fragments de voûtes, en forme de demi-cylindres, et en retraite l'un sur l'autre.

3 On appelle *tableau* d'une porte ou d'une fenêtre l'épaisseur du mur qui se trouve en dehors de la fermeture.

puis on prend une largeur BC et une saillie BD et CE égale à cette largeur, pour la base de la colonne, F. On reprend une seconde largeur, EG, semblable à la première et une saillie pareille, EH, GI; ce qui donne la base d'une nouvelle colonne, J. On recommence l'opération en I, et ainsi autant de fois que l'épaisseur du mur l'exige.

Une autre innovation est faite aux portes de cette période. Elles sont divisées par un *trumeau*, sorte de gros pilier qui, posé sur le sol, monte soutenir le linteau et sur lequel viennent se fermer les deux *vantaux* ou *battants* de la porte. Cette nouvelle disposition, qui appartient exclusivement à l'architecture du moyen âge, ajoute de l'ampleur aux portes et a l'avantage d'établir, par une seule issue, deux courants pour la foule qui entre ou qui sort (fig. 6). — (Cette figure représente la porte de l'église abbatiale de Vézelay, dans l'Yonne, l'une des plus anciennes et des plus remarquables qu'on puisse rencontrer. En A se trouve le plan par terre des ébrasements et du trumeau ; BB indiquent la *feuillure*[1]. On doit encore citer celle de l'église de Moissac, dans le Tarn-et-Garonne, et celle de l'antique église abbatiale de la Sainte-Trinité, à Caen.)

Nous observerons seulement que cette disposition, trouvée et suivie quelquefois au XIIe siècle, ne fut admise généralement qu'au XIIIe siècle. — Du reste nous devons en dire autant de la plupart des modifications que nous constaterons au XIIIe siècle. Inventées dans le courant du XIIe siècle, elles ne furent franchement appliquées qu'au XIIIe. C'est pour ce motif qu'il nous a semblé préférable de ne parler de beaucoup de ces modifications qu'au chapitre suivant.

La partie supérieure des pignons se couvre toujours d'arcatures et de fenêtres ; mais elles sont plus nombreuses qu'auparavant, et leurs archivoltes sont portées par des colonnettes dont les chapiteaux sont richement sculptés. Déjà même on voit apparaître des *galeries* garnies de statues. — (Ex. : Notre-Dame-la-Grande, à Poitiers.) — Une rose, encore de petite dimension, occupe le milieu du fronton.

---

1 On appelle *feuillure* une entaille pratiquée dans les pieds-droits d'une baie pour recevoir les *battants* ou les *chassis* de cette baie.

A

Fig. 6. — Porte de l'église abbatiale de Vézelay.

Constatons de nouveau l'existence de ces immenses porches que nous avons signalés au XIe siècle.

COLONNES ET PILIERS

Le XIIe siècle présente une grande variété de colonnes et de piliers. Les colonnes, sans avoir le galbe élégant des colonnes du XIIIe siècle, sont moins lourdes et plus élancées que celles du XIe. Aux colonnes monocylindriques composées de plusieurs assises de moellons viennent s'ajouter les colonnes *monolithes*. A mesure que les moyens de transports deviennent plus faciles et que l'habileté des tailleurs de pierre se perfectionne, elles sont de plus en plus employées. « Presque tous les chœurs des grandes églises du XIIe siècle possèdent des colonnes monolithes de pierre d'une hauteur et d'un diamètre considérables. » — (Ex. : cathédrales de Langres, de Mantes, églises de Saint-Leu d'Esserent, de Vézelay, de Beaune, de Pontigny, de Sémur.) — Dans ces grosses colonnes, qui d'abord ont à porter sur leurs chapiteaux les arcades des deux

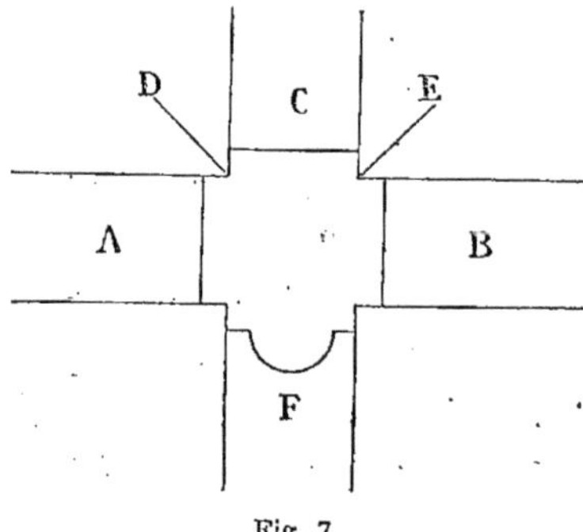

Fig. 7.

travées qui les avoisinent AB (fig. 7), puis l'arc-doubleau C et les arêtes de la voûte du collatéral D, E, sont engagées une ou plusieurs *colonnettes en faisceau*, F, qui partent du sol et montent, à leur tour, soutenir l'arc-doubleau et les arêtes de la grande voûte.

Les piliers carrés ou circulaires cantonnés de colonnettes sont

aussi de plus en plus en usage. Les colonnettes isolées sont quelquefois *torses* (fig. 8), quelquefois à six ou huit pans. D'autres fois,

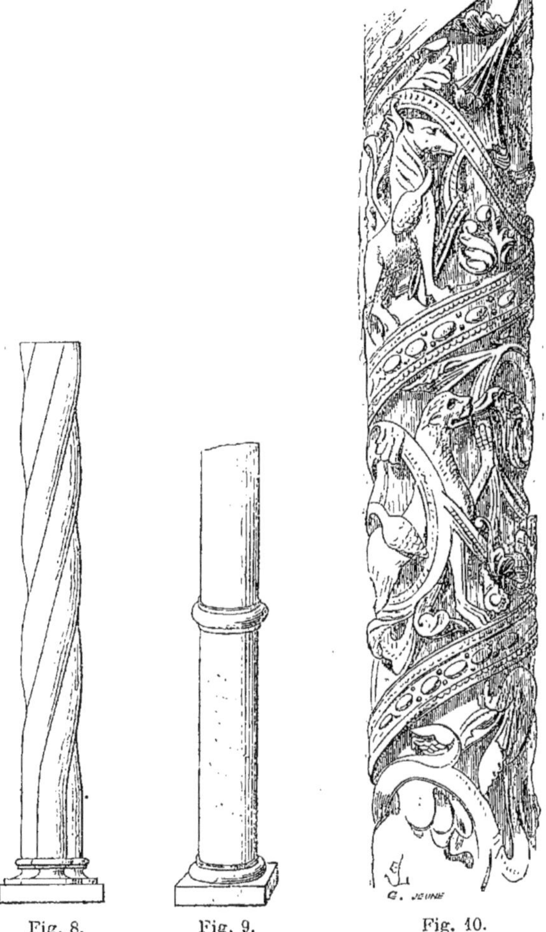

Fig. 8.   Fig. 9.   Fig. 10.

elles ont au milieu de leur hauteur une sorte d'anneau (fig. 9); ce
qui les a fait appeler colonnettes *annelées*.

Comme nous l'avons déjà dit, le XII° siècle plus encore que
le XI° est prodigue de colonnes sculptées (fig. 10). — (Ex. : cathé-

drales d'Autun, de Saint-Denis, portail royal de la cathédrale
de Chartres. La figure 10 représente une des colonnettes de ce
portail.)

Bases. Quoique souvent encore indécis, leurs profils sont mieux
étudiés et plus accentués que précédemment. Elles se composent
d'une plinthe carrée sur laquelle sont placés plusieurs tores circulaires, ordinairement deux, séparés entre eux par une scotie et
deux listels ; le tore inférieur, souvent plus considérable que l'autre,
est couvert d'ornements (fig. 11).

Fig. 11.

Mais ce qui caractérise le mieux la base du XIIe siècle est une
sorte d'appendice décoratif, A (fig. 11), de formes très-diverses,
placé aux quatre angles de la plinthe et servant à recouvrir la surface horizontale restée vide entre les côtés des angles de la plinthe
et le tore inférieur. Cet appendice s'appelle *griffe*. — A la fin du
siècle, on commence à abattre les angles de la plinthe aux colonnes
du rez-de-chaussée : alors les griffes perdent de leur longueur.

Chapiteaux. Aucune époque ne montra une aussi grande variété
de chapiteaux et pour la forme générale et pour les détails ; mais

en même temps, aucune époque ne traita avec plus de soin la sculpture de ce membre important (fig. 12).

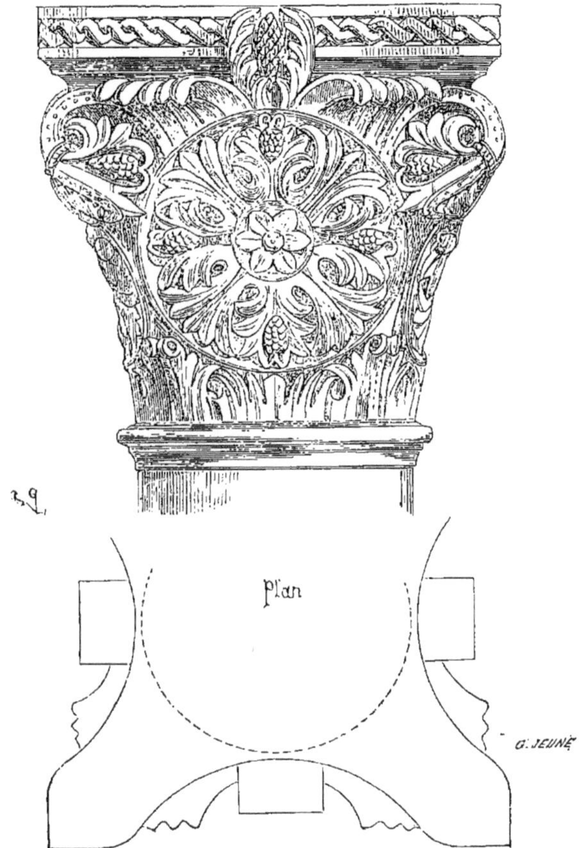

Fig. 12. — Chapiteau de l'ancien cloître de l'abbaye de Vézelay.

A côté des chapiteaux imités de l'antiquité, on voit des chapiteaux couverts d'enroulements, de rosaces, de perles, de feuillages, de personnages. — Notons que les feuillages sont tous fantastiques ou empruntés à la flore étrangère.

VOUTES

Ce n'est véritablement qu'au XII° siècle que les *voûtes d'arête*
dont nous avons constaté l'apparition à la fin du XI° siècle,
arrivent à atteindre leur perfection. En effet, les arcs–doubleaux
et les arcs diagonaux en plein-cintre, exclusivement employés
jusque-là, avaient toujours, malgré les perfectionnements apportés
peu à peu à leur structure, une poussée très-considérable qui ne
tardait pas à réagir sur les murs les plus solidement bâtis. Enfin,
vers le milieu du XII° siècle, les architectes, pour diminuer l'effet de
cette poussée, imaginent de relever la tête de leurs arcs en plein-

Fig. 13.

cintre et de décrire des arcs en *tiers-point* (fig. 13). L'invention
était incomparable : elle allait devenir la cause première de tout
un nouveau système architectural ; système qui serait un jour la
perfection même de l'art architectonique : car il aurait pour lui
non-seulement la solidité, mais aussi l'élégance et la grandeur.

Ainsi donc désormais les arcs–doubleaux, aussi bien que les
formerets et les arêtes diagonales, seront des arcs en *tiers-point* ou

ogive; ces dernières même prendront le nom d'*arcs ogives*. Et comme les architectes du moyen âge ont toujours soin de tirer un motif de décoration de ce qui, dans le principe, n'avait été trouvé et admis que comme un moyen de solidité, ils donnent à tous ces arcs une saillie franchement prononcée et les profilent de nervures élégantes et bien accentuées. Ils forment ainsi comme une belle ossature, dont ils relient les membres par une maçonnerie très-légère, et en même temps très-consistante.

Les voûtes à coupole deviennent, dans l'Ouest, d'un usage de plus en plus fréquent : même, d'après M. de Caumont, leur présence annonce plutôt le XIIᵉ que le XIᵉ siècle. — (Ex. : cathédrales d'Angoulême, de Cahors, du Puy-en-Velay, églises Saint-Hilaire à Poitiers, de Fontevrault, etc.)

Mais un nouveau système de construction vient s'adjoindre à l'ancien. La demi-sphère, au lieu de porter comme précédemment sur des *pendentifs* ou sur des *encorbellements*, descend reposer sur

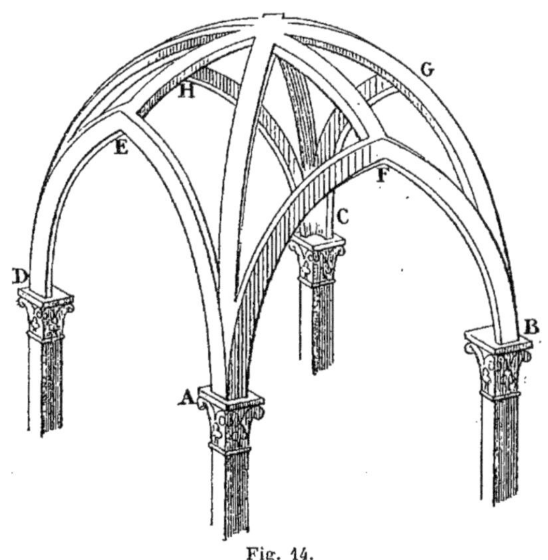

Fig. 14.

les *piliers eux-mêmes* en pénétrant les arcades, ainsi que l'indique la fig. 14, représentant la coupole d'une travée. — (Ex. : cathédrales de Poitiers, du Mans, Saint-Maurice d'Angers, etc.) — Toutefois les architectes, ne pouvant, pour ainsi dire, se soustraire à l'influence de la voûte d'arête, actuellement partout admise, divisent la demi-sphère auparavant unie par quatre arêtes, A, B, C, D (fig. 14), qui suivent les diagonales et viennent s'appuyer sur les piles. Parfois même ils en ajoutent quatre autres plus courtes, E, F, G, H, mais décrites par le même rayon, qui reposent sur la tête des premières. Ces sortes de coupoles prennent quelquefois le nom de *voûtes ogivales cupoliformes*. Certains architectes les appellent aussi *voûtes dômicales*, c'est-à-dire voûtes d'arêtes en forme de dôme; d'autres, voûtes *Plantagenet*, parce qu'elles sont un des caractères les plus distinctifs de l'architecture du règne des Plantagenets, ducs d'Anjou. — Nous pourrions encore ajouter, pour rendre plus intelligible la disposition de ces voûtes, qu'à la différence des voûtes d'arêtes ordinaires dont les clefs sont sur la même ligne horizontale que les clefs des arcs-doubleaux, elles ont leurs clefs plus élevées que celles des arcs-doubleaux.

Mais nous devons un coup d'œil spécial à ces *clefs de voûte*. On appelle *clef de voûte* une pierre d'un seul morceau, qui est placée à la rencontre des arcs diagonaux et qui sert à les fermer.

« En construisant les voûtes en arcs ogives, les architectes de la seconde moitié du XIIe siècle avaient reconnu qu'il était d'une grande importance, pour la solidité de ces voûtes, que les clefs eussent une certaine force de pression et par conséquent un poids considérable relativement aux claveaux. Aussi, partant de ce principe, ils donnèrent un volume extraordinaire aux clefs, les renforcèrent de puissantes saillies, et pour dissimuler la lourdeur apparente de ces gros morceaux de pierre suspendus au point culminant des voûtes, ils les couvrirent de sculptures savamment combinées en raison de leur place élevée et de l'effet qu'elles devaient produire. » Les sujets des sculptures sont très-riches et très-variés : tantôt, ce sont des anges (fig. 15), des saints, la Vierge, le Christ; tantôt des évêques, des abbés, les signes du zodiaque, des animaux tirés des bestiaires. Parfois déjà on essaye des bouquets de fleurs et de feuillage. — Les clefs des voûtes secondaires sont, au contraire, petites et très-simples : quelquefois même elles disparaissent, et les arcs ogives se croisent sans être renforcés par cet appendice décoratif.

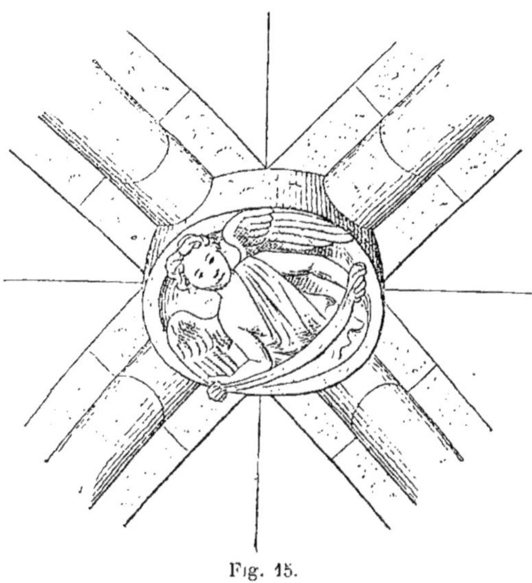

Fig. 15.

Nous ajouterons que, vers 1160, on ne se contente pas seulement de sculpter les clefs de voûte, on va jusqu'à couvrir d'ornements les *sommiers* des arcs ogives. — (Ex. : chapelle de la Sainte-Vierge, à Auxerre, salle synodale de Sens.)

CLOCHERS

Nous n'avons pas de changement caractéristique à signaler dans la forme des clochers. Toutefois, au lieu de leur conserver l'aspect massif de tours de défense, on cherche à les faire plus élancés, afin que leur masse n'écrase pas les autres constructions de l'église. De plus on commence à élever vers le milieu du siècle, particulièrement en Normandie, des pyramides très-aiguës sur des tours carrées. Nous donnons comme exemple, fig. 16, le clocher de Tracy-le-Val (Oise). — Quelquefois aussi, par un besoin de

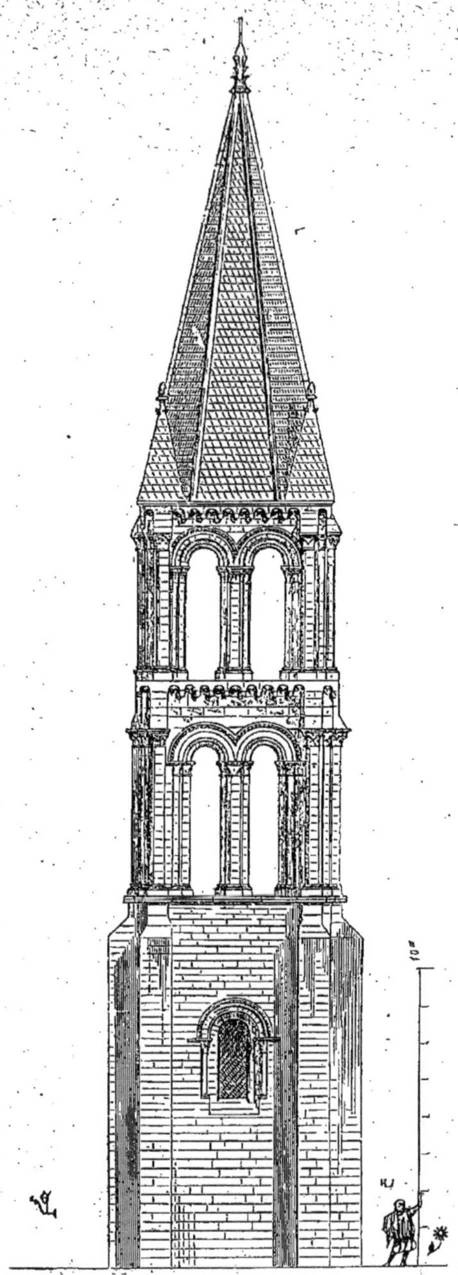

Fig. 16.

symétrie fort naturel, on place un clocher de chaque côté de la porte principale. — (Ex. : églises de Saint-Étienne et de la Sainte-Trinité, à Caen.) — Nous remarquerons dans les ouvertures le mélange de l'arc en tiers-point avec l'arc en plein-cintre.

SCULPTURE ET STATUAIRE

Nous nous sommes imposé des limites trop restreintes pour songer à traiter l'art de la sculpture et de la statuaire avec tout le développement que comporterait le sujet. Nous ne pouvons néanmoins nous dispenser d'en dire quelques mots ; car, au témoignage des maîtres, la sculpture et l'architecture sont pendant le moyen âge, contrairement du reste aux usages suivis depuis le XVIIe siècle, si intimement liées, qu'il est impossible de faire l'histoire de l'une sans parler de l'autre. L'artiste du moyen âge travaillait pour un monument en particulier, dans les chantiers de ce monument, et concourait directement à l'œuvre, sous la direction du maître de cette œuvre. A dater de la renaissance, au contraire, les sculpteurs ont prétendu travailler chez eux et n'écouter que leur inspiration, ne sachant point à l'avance la destination de leur sculpture. Aussi ils ont pu faire des chefs-d'œuvre, mais des chefs-d'œuvre qui sont achetés par le premier venu et placés un peu au hasard, sans qu'il soit tenu compte ni du style, ni du caractère, ni de l'échelle du monument et de la statue, et qui ainsi deviennent souvent des hors-d'œuvre et perdent toute leur valeur et leur mérite intrinsèques.

L'art de la sculpture n'apparaît en France que vers la fin du XIe siècle. Et ce sont encore les croisades, ces grandes expéditions si fécondes en heureux résultats, qui nous l'apportent de l'Orient. Car depuis la chute de l'empire romain, remarque M. Viollet-le-Duc, la sculpture n'existait plus sur le sol gaulois. Mais, continue le savant architecte, « parmi les premiers croisés étaient partis de l'Occident, à la voix de Pierre l'Ermite, non-seulement des hommes de guerre, mais des gens de toutes sortes, ouvriers, marchands, aventuriers, qui bientôt, avec cette facilité qu'ont les Français principalement d'imiter les choses nouvelles qui attirent leur attention, se façonnèrent aux arts et métiers pratiqués dans les riches cités d'Orient... Et parmi les croisés partis des différents points de l'extrême Occident, les uns rapportent, dès le commencement du XII siècle, de nombreux motifs de sculpture d'ornement d'un beau caractère, d'autres de l'ornementation et de la statuaire. » Aussi retrouve-t-on sans cesse, surtout dans la sculpture d'ornement, une *influence byzantine* très-marquée.

Au XII siècle, la sculpture est encore à son berceau; les artistes sont encore, pour ainsi dire, occupés à apprendre leur métier. C'est pourquoi il ne faut point s'étonner de rencontrer beaucoup d'œuvres imparfaites et dans le dessin et dans la façon même de sculpter. Hâtons-nous pourtant de dire que si l'exécution laisse souvent à désirer, le style et la pensée ne font jamais défaut. Pour la sculpture d'ornement, ce serait en vain qu'on voudrait essayer de la décrire, tant elle est variée; l'étude détaillée des monuments peut seule la faire bien connaître. Elle compte autant de différentes écoles qu'il existe de provinces : toutes ces écoles, bien qu'accep-tant en somme les formes orientales, savent se les rendre propres en les modifiant à l'infini selon leur goût particulier. Peut-être, par exemple, ne serait-ce pas trop affirmer que de dire qu'il n'existe pas en France deux chapiteaux entièrement semblables.

Quant à la statuaire, tandis que les draperies se ressentent de l'*influence byzantine*, que nous signalions tout à l'heure, les figures, au contraire, respirent en général des airs essentiellement *français*. On s'aperçoit que les sculpteurs s'efforcent, tout en restant, certes, encore bien loin de la vérité, de copier les types divers qui les entourent. Ce qui, dès cette première période, donne à toutes les statues un caractère original, on pourrait même dire national. « Dans toutes ces statues, ajouterons-nous avec M. de Caumont, on remarque de longs bustes, des yeux saillants, fendus, des sourcils arqués, une sorte de roideur et d'absence de mouvement qui, indépendamment de leurs costumes byzantins, les feront toujours distinguer de celles du XIII et du XIV siècle. » Les vête-ments ont des plis nombreux et serrés, et sont tellement étroits que les statues ne ressemblent pas mal à des momies enveloppées dans leurs bandelettes.

Le moyen âge a très-fréquemment coloré la statuaire et l'ornementation sculptée. Les couleurs employées de préférence pour les
ornements sont toujours des couleurs claires : le blanc, le jaune,
le rouge, le vert pâle. Les statues n'ont jamais également que des
tons très-légers, un blanc jaunâtre, par exemple ; tous les détails,
les traits du visage, les plis des vêtements, leurs bordures sont,
pour mieux accuser les formes, *redessinés* de traits noirs, très-fins
et très-adroitement tracés. — (Ex. : statues de la porte de l'église
de Vézelay et de Notre-Dame de Corbeil.)

PEINTURE MURALE

La peinture architectonique, sous l'impulsion des monastères
qui ont dans leurs bibliothèques, pour guider et encourager leurs
essais, de nombreux manuscrits orientaux richement enluminés,
fait des progrès sensibles et rapides. Il suffit, pour s'en convaincre,
de jeter un coup d'œil attentif sur les fragments que nous avons
encore des peintures murales de cette époque.

Les couleurs dominantes sont le brun-rouge clair, l'ocre jaune,
le vert, le gris ; mais ces couleurs sont toujours séparées entre elles
par un trait brun. L'aspect général que présentent toutes les
peintures primitives est doux, clair, jamais heurté, quoique les
traits bruns qui séparent les teintes, et les rehauts presque blancs
qui accentuent toutes les saillies, leur donnent de la fermeté.
Parfois les peintures qui couvrent les nus des murs et même les
voûtes représentent des scènes de l'Écriture. — (Ex. : églises de
Saint-Savin, Saint-Julien de Tours, de Saint-Céneri, près Alençon, du Liget, dans l'Indre et-Loire.) — Mais dans ces peintures
le dessin est loin d'avoir la valeur du coloris. Aucun discernement
ne semble présider à la place relative de chaque personnage. « Les
proportions du corps varient sans motif apparent. Les membres
sont grêles. Les règles de la perspective sont complétement inconnues, aussi bien pour les figures animées que pour les objets
inanimés. »

Les vêtements, par l'agencement contourné de leurs plis,
révèlent la forme du corps.

Observons encore avant de finir qu'habituellement les artistes

du moyen âge n'admettent pas la peinture décorative seulement
pour certaines parties des édifices ; ils ont coutume de ne pas les
peindre du tout, ou bien de les peindre entièrement. Car on ne peut
donner le nom de peintures proprement dites à ces traits brun-
rouge, *redessinant* les contours des ornements ou remplissant les
gorges des nervures et des faisceaux de colonnettes, que l'on
trouve dans presque toutes. les églises.

MONUMENTS

Cathédrale de Noyon (presque en entier).
Cathédrale du Puy-en-Velay (presque en entier).
Cathédrale d'Autun (en grande partie).
Cathédrale d'Angoulême (en grande partie).
Cathédrale de Senlis (en partie).
Cathédrale de Langres (en partie).
Cathédrale d'Avignon (en partie).
Cathédrale de Soissons (en partie).
Église de Pontigny (en entier).
Église de Cluny (en entier).
Église de Vézelay (en entier).
Église Saint-Sernin, à Toulouse (en grande partie).
Église Notre-Dame-la-Grande, à Poitiers (en entier).
Église Sainte-Radegonde, à Poitiers (en grande partie).
Église Sainte-Trinité, à Caen (en entier).
Église Saint-Étienne, à Caen (en grande partie).
Église Saint-Leu d'Esserent (Oise) (en grande partie).
Église Sainte-Trophime, à Arles (presque en entier).
Église Notre-Dame d'Avesnières, à Laval (en entier).
Église Saint-Laumer, à Blois (en grande partie).
Église de Saint-Gilles (Gard) (en grande partie).
Église de Fontevrault (en partie).
Église de Moissac (en grande partie).
Église de Saint-Germer (Oise) (en grande partie).

CHAPITRE VII

ARCHITECTURE OGIVALE PRIMITIVE

OU

STYLE A LANCETTE [1]

(XIIIe siècle.)

Le XIIIe siècle est incontestablement pour l'architecture religieuse l'époque la plus glorieuse. Jamais on n'éleva avec autant d'ardeur plus de monuments remarquables : depuis les cités les plus grandes et les plus riches jusqu'aux plus humbles bourgades, partout on rivalisa de zèle et d'activité. Jamais, de leur côté, les architectes ne témoignèrent plus d'habileté, d'inspiration, de génie. Travailleurs constants et infatigables, ils ne cessent de poursuivre la perfection dans les moindres parties de leurs œuvres. Et leurs efforts sont si rapidement et si pleinement couronnés de succès, que sous le règne de Louis IX, qui commença en 1227, « l'architecture était arrivée à son apogée. » Quand le saint roi mourut, « ce grand enfantement de l'art chrétien n'avait plus de progrès à faire. La France et l'Europe offraient un beau spectacle ; une émulation généreuse s'était emparée des nations : rois et prêtres, princes et peuples contribuaient à l'œuvre du Seigneur, et de toutes parts on voyait surgir ces admirables monuments dont un si grand nombre a été balayé par les tempêtes religieuses et politiques, tandis que ceux qui subsistent font encore le plus

---

[1] L'architecture ogivale est souvent aussi appelée architecture *gothique*. Mais cette singulière dénomination ne pouvant se justifier raisonnablement, c'est à dessein que nous ne l'avons point employée dans ce *cours élémentaire*.

bel ornement de notre sol. » Le règne de saint Louis fut, en effet,
l'époque où l'art ogival éleva le plus de monuments, et où ces
monuments ont le plus d'élégance et de pureté : témoin la Sainte-
Chapelle du palais, dont la première pierre fut posée par le grand
roi lui-même, en 1245 ; témoins la cathédrale d'Amiens, commencée en 1220, la cathédrale de Rouen, commencée en 1210,
la cathédrale de Beauvais, commencée en 1225, la cathédrale de
Strasbourg, commencée vers 1250 ; témoins celles de Soissons,
de Troyes, de Séez, de Coutances, de Clermont-Ferrand, etc.,
datant toutes de ce beau règne, « le point culminant du moyen
âge, a dit un savant professeur, une de ces époques fécondes qui
semblent réunir toutes les grandes intelligences pour les faire concourir à la grandeur d'un siècle. »

Nous comprendrons facilement nous-mêmes la supériorité de
cette belle architecture, quand nous l'aurons étudiée dans ses
détails.

PLAN

Les plans déjà si remarquables du XIe et du XIIe siècle prennent
un nouveau développement, et ne tardent pas à atteindre la perfection. Les nefs deviennent larges et vastes ; parfois même, au
lieu de deux nefs collatérales, il y en a quatre. — (Ex. : cathédrales de Paris, de Chartres, de Bourges.) — Ces nefs collatérales
font le tour du chœur et reçoivent, dans cette partie seulement,
trois, cinq ou sept chapelles (fig. 1).

La chapelle absidale, ordinairement dédiée à la sainte Vierge,
quand l'église tout entière n'y est pas consacrée, est plus grande
que les autres. Observons cependant, avec M. de Caumont, que,
« quoique cet usage ait pris naissance vers le XIIIe siècle, c'est
dans le XIVe qu'il a été le plus général. »

Le chevet de l'église conserve la plupart du temps la forme
absidale antique. Quelquefois, cependant, il est plat, même dans
les grandes églises (fig. 2). — (Ex. : cathédrales de Laon, de Dol,
églises Saint-Julien de Tours, Saint-Serges d'Angers.) — Alors
il est percé d'une ou de plusieurs fenêtres. Mais le chevet plat se
pratique surtout dans les églises de petite dimension.

Terminons ce premier paragraphe en faisant remarquer qu'il

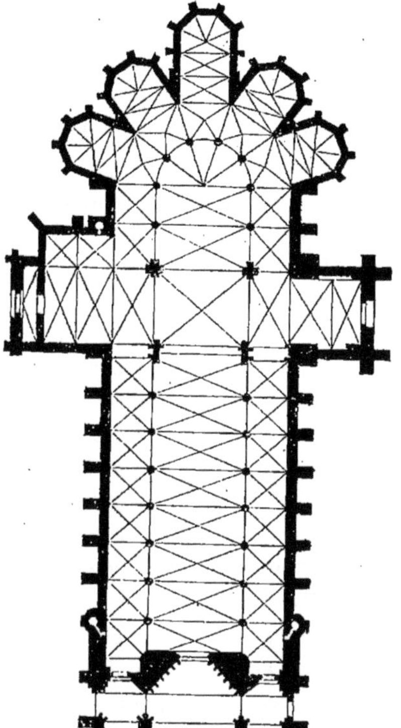

Fig. 1. — Plan de la cathédrale de Séez.

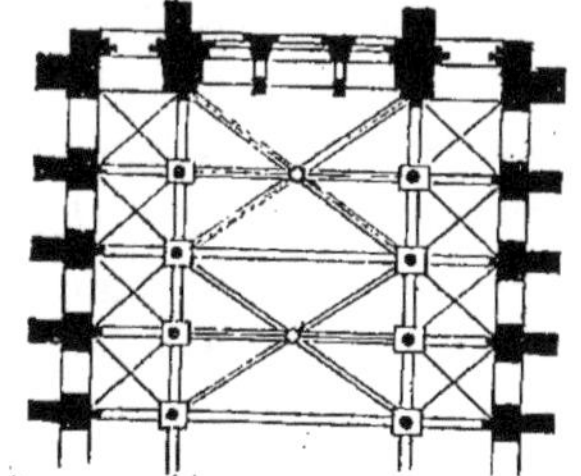

Fig. 2. — Chevet de la cathédrale de Laon.

existe, dans beaucoup d'églises, une légère *déviation* dans l'axe du chœur, par rapport à celui de la nef. M. de Caumont dit avoir fait cette remarque dans plus de cent édifices. — Si l'on en croit certains auteurs, les architectes du XIII° siècle, poussant à l'extrême le symbolisme de leurs plans, auxquels ils donnaient toujours la forme d'une croix, voulaient par cette déviation à droite représenter l'inflexion de la tête de Jésus-Christ, au moment où il expira. — (Ex. : cathédrales de Paris, de Quimper, de Nevers, de Bayeux, du Mans, de Saint-Denis.)

A l'intérieur, les hauts murs sont toujours divisés en trois parties : les *grandes arcades de rez-de-chaussée*, le *triforium* et le *clérestory*. — Au XIII° siècle comme au siècle passé, le triforium est encore *obscur*, c'est-à-dire que le mur d'adossement est plein. (Voir plus loin la fig. 30, représentant le triforium de Notre-Dame d'Amiens, surmonté du clérestory.) Cependant M. de Caumont fait remarquer que, dès le milieu du siècle, le mur d'adossement est parfois *ouvert*; dans ce cas, le triforium prend les dispositions mêmes du clérestory, et n'en est que la continuation. De son côté, M. Viollet-le-Duc dit que « l'intention d'ajouter de plus en plus les travées au-dessus des collatéraux, et d'en faire comme un sorte de tapisserie translucide sans interruption, devient évidente à dater de la seconde moitié du XIII° siècle, et se manifeste jusque vers la fin du XIV° siècle ». Mais ces *triforiums transparents* n'ayant été employés d'une manière absolue que par l'architecture ogivale secondaire, nous les donnerons plus tard comme signes distinctifs de cette architecture. Dans tous les cas, ils sont toujours munis de balustrades.

Le plus souvent les *triforiums* ne sont que des étroites galeries de service, qui font le tour de l'édifice. Quelquefois pourtant ils prennent les proportions de véritables tribunes, et s'étendent sur toute la largeur des collatéraux. — (Ex.: Notre-Dame de Paris, Saint-Remi, à Reims.) — Alors ils sont voûtés à la façon des collatéraux eux-mêmes, et s'arrêtent aux transepts; ils sont continués dans les transepts et le chœur par des triforiums ordinaires. D'autres fois, les triforiums sont doubles : ils sont composés d'une large galerie, qui est surmontée d'un triforium ordinaire très-étroit. — (Ex.: cathédrales de Laon, de Noyon.)

APPAREIL

Les petits moellons taillés carrément, les pierres placées en arêtes de poisson ou en échiquier, les mosaïques incrustées dans les parements des murs, toutes ces sortes d'appareil disparaissent pour faire place à un appareil plus raisonné. Du XIIIe au XVIe siècle, les architectes ne vont plus être dirigés dans le choix des divers appareils que par l'usage auxquels ils les destineront. Les matériaux n'auront plus que les dimensions exigées pour la place qu'ils occuperont. Pour les contre-forts et les soubassements, qui demandent beaucoup de solidité et de résistance, on emploiera les pierres les plus dures et les plus grosses; pour les murs ordinaires, on se contentera de pierres de moyenne grosseur; pour les voûtes, l'espace compris entre les arcs-doubleaux, les arcs ogives et les formerets sera rempli en petites pierres légères, noyées dans un mortier très-adhérent.

Au XIIe et au XIIIe siècle particulièrement, on a souvent aussi simulé, en peinture, des appareils (fig. 3). Ces appareils, tantôt

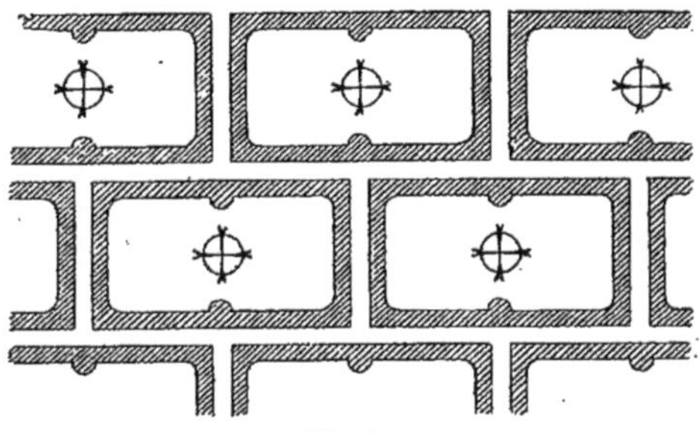

Fig. 3.

très-simples, tantôt très-riches, sont blancs sur fond jaune ocre, ou, plus fréquemment, brun-rouge sur fond blanc ou sur fond jaune pâle.

CONTRE-FORTS ET ARCS-BOUTANTS

I. Quand une fois l'architecture ogivale est franchement adoptée, les contre-forts se montrent ce qu'ils doivent être : des piliers butants aussi résistants que possible ; ils n'essaient plus de se dissimuler sous des formes empruntées à l'architecture antique. — Comme aux siècles précédents les glacis des retraits, très-souvent répétés, étaient vite dégradés par les eaux pluviales tombant en cascades de l'un sur l'autre ; que d'ailleurs la stabilité d'un contre-fort consiste moins dans sa profondeur que dans sa largeur bien proportionnée avec sa hauteur, maintenant ils perdent ces retraits si accentués. Sauf un empatement [1] très-considérable à leur base, et un ou deux retraits seulement de quelques centimètres de saillie dans toute leur hauteur, ils montent verticalement jusqu'aux combles [2] ; de sorte qu'arrivés là ils ont à peu près la même saillie que lorsqu'ils sortent de l'empatement (fig. 4). — (Ex. : Sainte-Chapelle, chapelles absidales de la cathédrale d'Amiens, etc.)

Mais l'architecture tendant toujours à devenir de plus en plus légère, les architectes, tout en veillant à ne point enlever à leurs constructions la stabilité nécessaire, s'efforcent de diminuer autant qu'ils le

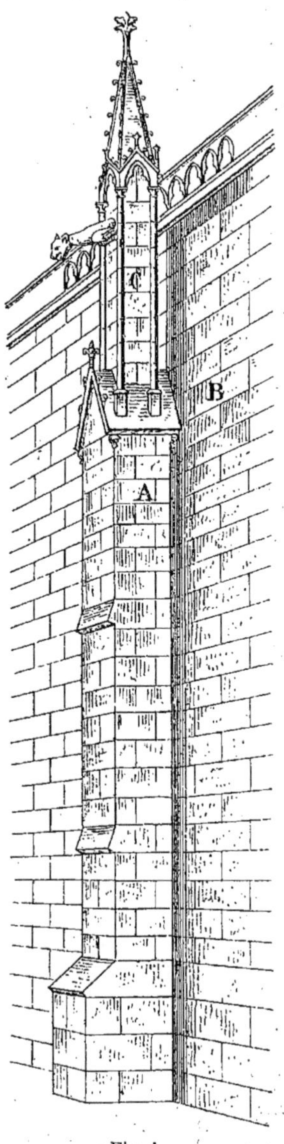

Fig. 4.

[1] On appelle *empatement* la saillie formée par l'épaisseur d'un mur de fondation sur le mur en élévation.

[2] On appelle *comble* l'ensemble des charpentes destinées à soutenir la toiture d'un édifice.

peuvent le volume de la maçonnerie brute. Pour cela, ils amoindrissent le plus possible les contre-forts, et ce qu'ils leur enlèvent en épaisseur, ils le leur rendent en hauteur, ou plutôt ils chargent les contre-forts *verticalement*, à l'aide de clochetons et de pinacles qu'ils assoient sur leur tête. Souvent même, ils n'élèvent les contre-forts A (fig. 4) que juste au point de la poussée des voûtes B, et sur leur tête ils montent des *pinacles* détachés de la construction C, n'ayant plus d'autre effet que de charger la portion butante des piles A. — (Ex. : Abside de la cathédrale de Séez.) — Ces pinacles ont le double avantage, d'abord de ne pas avoir l'apparence lourde d'un contre-fort montant jusqu'à la corniche, et ensuite de servir de transition entre les parties inférieures massives et la légèreté des couronnements. Ces clochetons et ces pinacles sont tantôt carrés, tantôt octogones. — Quand ils ne sont pas surmontés de pinacles ou de clochetons, les contre-forts sont terminés par un fronton aigu et sont couverts de petits toits en batière ou à double égout. Souvent leurs faces sont très-ornées : elles se garnissent de colonnettes, d'arcatures, de niches et même de statues.

II. C'est seulement vers la moitié du XIII° siècle que les architectes arrivent à donner à l'arc-boutant le galbe véritable qu'il doit avoir pour remplir sa fonction vraie, c'est-à-dire la fonction d'un

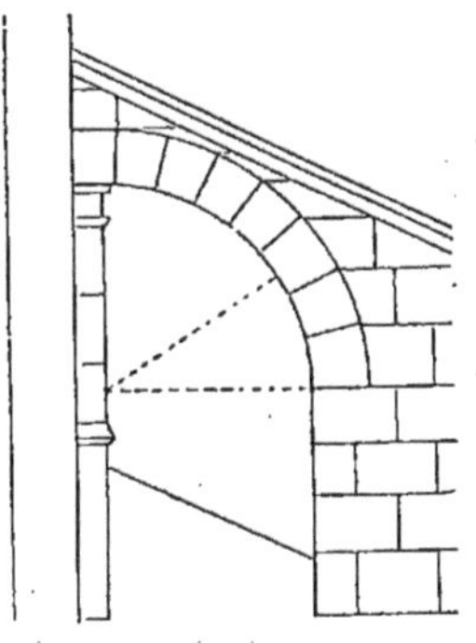

Fig. 5.

étai allant contre-buter les arcs des voûtes. En effet, l'arc-boutant primitif, étant composé de claveaux très-épais placés en quart de cercle (fig. 5), devait nécessairement, et à cause de la lourdeur des claveaux, et surtout à cause de cette forme en quart de cercle, tout en résistant à la poussée des voûtes, surcharger beaucoup le contre-fort qui le portait ; et cela inutilement. Aussi désormais le cintrera-t-on suivant une courbe dont le centre sera placé en dedans des murs de la nef (fig. 6). — Si les collatéraux sont doubles, les

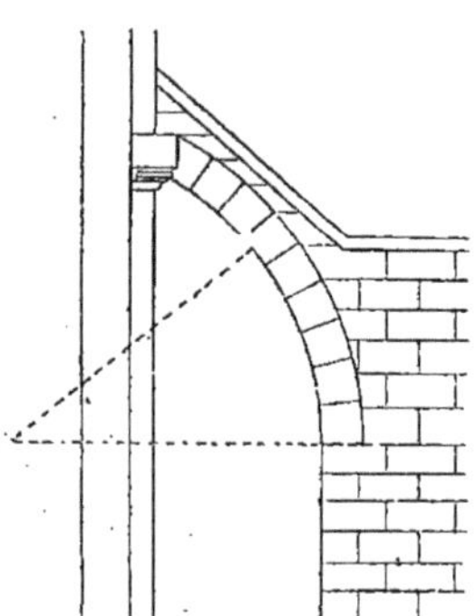

Fig. 6.

arcs-boutants sont à *double volée*, c'est-à-dire que vers le milieu de leur étendue ils reposent sur un point d'appui intermédiaire (fig. 7) qui, en divisant leur poussée, en détruit en partie l'effet. — (Ex. : chœur de la cathédrale de Beauvais ; cathédrales de Paris, de Bourges.) — Quand l'édifice est très-élevé, on bande un second *arc-boutant*, et même un troisième au-dessus du premier (fig. 7.) (Ex. : chœur de la cathédrale de Beauvais, cathédrale de Bourges). — La fig. 7 donne la coupe transversale de cette dernière. A et C sont les deux bas côtés ; B est une fenêtre éclairant le premier bas côté et envoyant la lumière jusque dans la grande nef ; D, une autre fenêtre éclairant le second bas côté ; E, E, deux triforiums, l'un donnant sur la grande nef, l'autre sur le premier bas côté, et F, F, les deux murs d'adossement de ces deux triforiums ; enfin en G se trouvent les fenêtres pratiquées au-dessus du comble du deuxième bas côté, et éclairant la voûte.

Un perfectionnement en amenant un autre, une amélioration digne d'être notée est apportée dans l'écoulement des eaux plu-

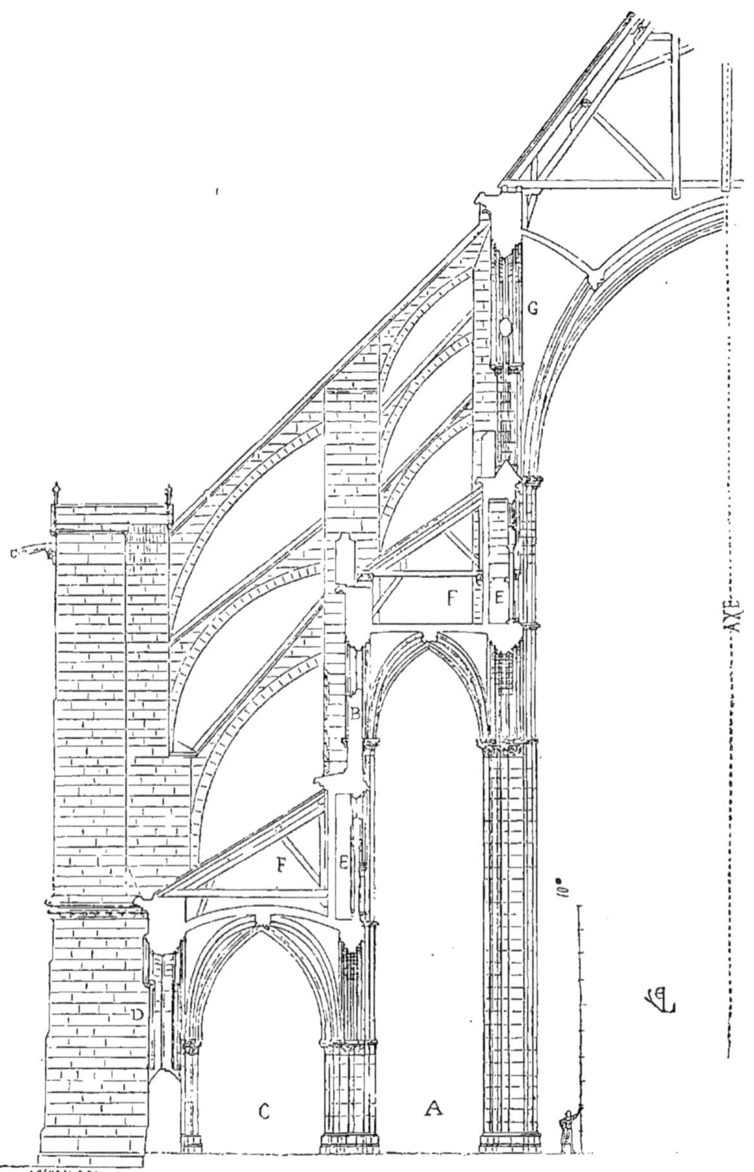

Fig. 7. — Contre-fort et arcs-boutants de la cathédrale de Bourges.

viales. Pendant les siècles précédents, les eaux pluviales tom-
baient directement de la corniche du grand comble sur le sol, ou
au moins sur les combles inférieurs, quand ils existaient. Au
XIIIe siècle, on reconnaît à ce mode primitif plusieurs inconvénients : les murs, par exemple, le long desquels les eaux dégout-
taient, se détérioraient vite ; les eaux, en tombant à la base des
murs, s'infiltraient dans leurs fondations et y entretenaient une
humidité qui, à la longue, leur devenait très-préjudiciable. — Les
architectes y remédient de plusieurs manières : d'abord au moyen
des *chéneaux*. Les cheneaux sont des conduits de pierre qu'ils placent sur les corniches des murs pour recevoir les eaux qui descendent des toits (fig. 8). Des chéneaux ils font ensuite couler les

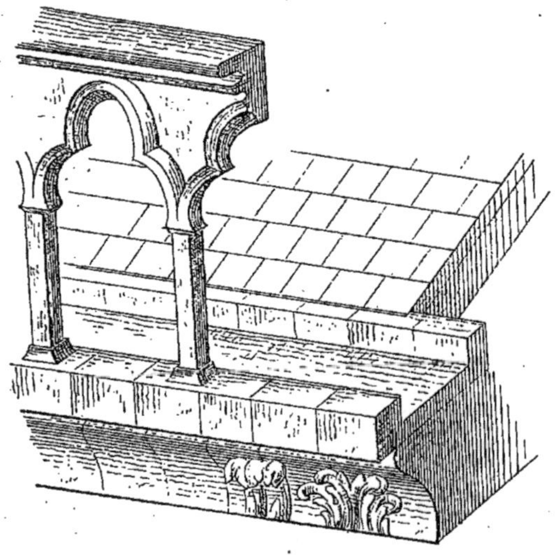

Fig. 8.

eaux dans un petit canal creusé dans le *chaperon*[1] de l'arc-boutant,
et enfin les envoient tomber en dehors du périmètre de l'édifice

[1] On appelle *chaperon* l'assise de pierres, ordinairement en saillie, qui
forme le couronnement d'un mur.

au moyen d'un conduit très-saillant appelé *gargouille*. Mais avec ce système, ils étaient forcés d'élever la tête des arcs-boutants jusqu'à la corniche du grand comble, c'est-à-dire bien au-dessus de

Fig. 9. — Arc-boutant et contre-fort de la cathédrale de Séez.

la poussée des voûtes; ce qui pouvait occasionner des désordres dans la construction. — Alors ils ont l'idée d'accoler au mur un ou deux tuyaux de pierre, A (fig. 9), qui reçoivent l'eau du chéneau et la rejettent sur le chaperon de l'arc-boutant B; celui-ci peut ainsi rester à sa vraie place, c'est-à-dire vis-à-vis la poussée des voûtes. L'eau, comme précédemment, suit le chaperon, traverse le contre-fort, C, et sort par la gargouille D. — Toutefois ce nouveau mode a encore ses inconvénients. L'eau, en coulant dans les tuyaux flanqués au grand mur et sur les chaperons des arcs-boutants, pouvait finir par s'infiltrer dans les pierres et compromettre gravement la solidité des murs et surtout des arcs-boutants. C'est alors qu'on prend enfin le parti, dans beaucoup de provinces au moins, de construire sur les arcs-boutants de véritables petits

Fig. 10.

aqueducs, composés d'arcades dont le pied s'appuie sur l'extrados des arcs, et dont la tête, recouverte d'une sorte de rampe avec chaperon, est au niveau des corniches. De cette manière, les arcs-boutants sont conservés à leur vraie place et restent tout à fait étrangers à l'écoulement des eaux (fig. 10).

10

Les *gargouilles* ont généralement la forme d'animaux fantastiques à gueule béante, tous plus bizarres les uns que les autres.
D (fig. 9). « La variété des formes données aux gargouilles, dit
M. Viollet-le-Duc, est prodigieuse : nous n'en connaissons pas
deux pareilles en France, et nos monuments du moyen âge en sont
couverts. Beaucoup de ces gargouilles sont des chefs-d'œuvre de
sculpture : c'est tout un monde d'animaux et de personnages composés avec une grande énergie, vivants, taillés hardiment par des
mains habiles et sûres. » Peu nombreuses dans le principe, elles ne
tardent pas à se multiplier, et à mesure qu'elles se multiplient, elles
deviennent de plus en plus légères et élégantes. Aussi sont-elles
bientôt un des motifs les plus prisés pour la décoration extérieure.

Quoique nous nous soyons déjà longuement étendu sur les
contre-forts et sur les arcs-boutants, à cause de leur grande
importance dans l'architecture ogivale, nous ne pouvons terminer
ce paragraphe sans faire remarquer quels magnifiques effets de
perspective produit autour des églises du xiiie, xive et xve siècle,
cet ensemble et cette suite de contre-forts, de clochetons, de
pinacles, d'arcs-boutants, d'aqueducs, de gargouilles, en même
temps d'une si grande hardiesse et d'une si rare élégance.

BALUSTRADES ET CRÊTES

Les chéneaux, tout en conservant leur principale fonction de
conduits pour les eaux, ayant été de plus utilisés comme chemins
de ronde autour de l'édifice, on crut prudent de les garnir de

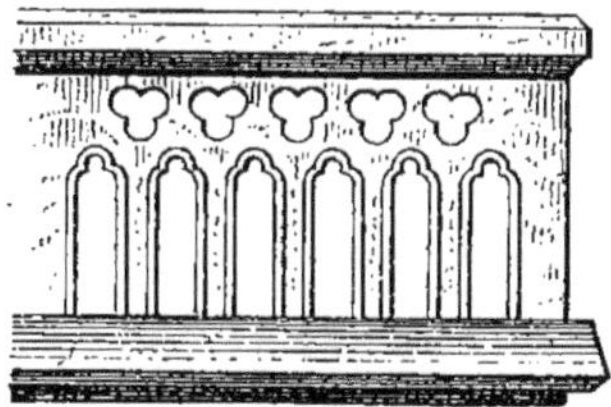

Fig. 11.

balustrades. D'ailleurs c'était encore là un heureux motif de décoration. Au xiiie siècle, les *balustrades* qui prédominent sont com-

posées de petites arcatures à jour formées d'arcs en tiers-point,
ou d'arcs trilobés, reposant sur des montants carrés dont les arêtes
sont abattues et couvertes d'une rampe d'appui (fig. 11).

De plus, pendant tout le temps de l'architecture ogivale, le faîte
des édifices est surmonté d'une *crête* en plomb ou en terre cuite,

Fig. 12. — Crête et épi en plomb de la cathédrale de Séez.

dont les dessins se transforment suivant l'ornementation de chaque
époque. — Les extrémités du faîte sont en outre couronnées d'*épis*,
d'abord en terre cuite, puis en plomb, variant aussi selon le goût
des différentes périodes (fig. 12).

ARCS ET ARCADES

L'arc en *tiers-point*, ou *ogive*, avons-nous dit, est à présent la
forme universellement adoptée pour les arcades et tous les arcs en
général. — Mais, étudiée à fond par les architectes si habiles du
XIIIe siècle, l'ogive varie sa courbure selon les divers besoins. Elle

est ou en *tiers-point* proprement dit, quand on peut y inscrire un triangle équilatéral (fig. 13), ou surbaissée, lorsque les arcs ont

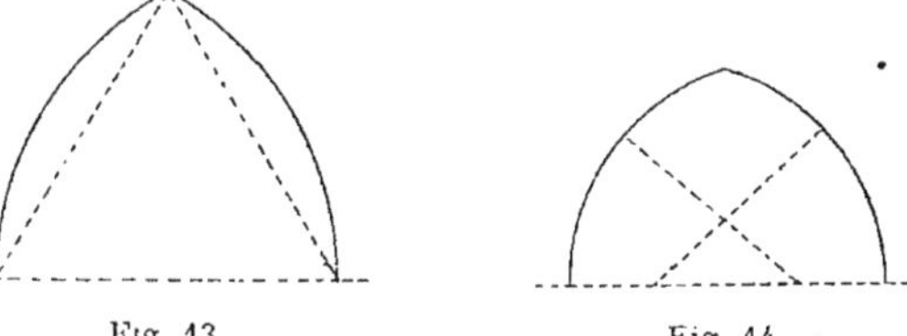

Fig. 13.   Fig. 14.

leur centre en dedans de leur contour (fig. 14); ou *aiguë*, quand les arcs ont leurs centres en dehors des contours (fig. 15); ou *lan-*

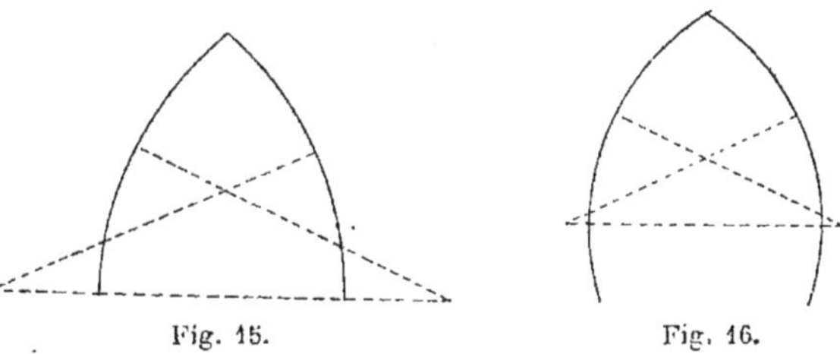

Fig. 15.   Fig. 16.

céolée, lorsque la courbure des arcs se prolonge au-dessous de la ligne des centres (fig. 16); ou *surhaussée*, si les arcs, en dépassant la ligne des centres, se prolongent verticalement (fig. 17); ou enfin

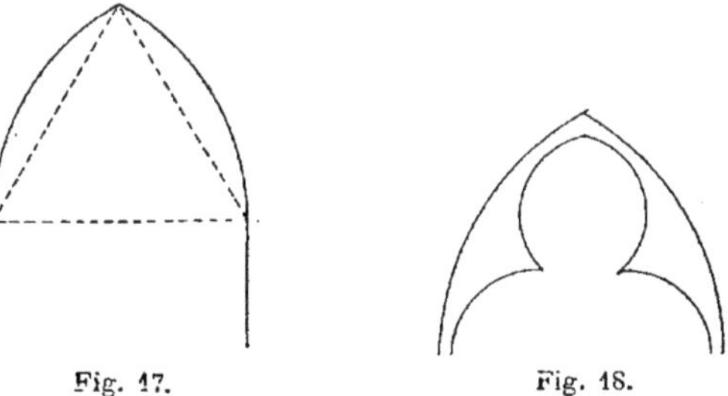

Fig. 17.   Fig. 18.

trilobée, quand elle se subdivise intérieurement en trois lobes (fig. 18). — Mais l'ogive aiguë et l'ogive surhaussée sont les plus employées au XIIIe siècle.

ORNEMENTS

Pour plus de netteté, nous mettrons dorénavant à part chaque genre d'ornement.

Le système d'ornementation, aussi bien que le système de construction, est totalement changé. Rompant avec les traditions byzantines et gallo-romaines dont le mélange avait constitué l'ornementation romane, les sculpteurs du XIIIᵉ siècle vont inaugurer un genre tout nouveau d'ornementation, qui ne contribuera pas peu à donner à l'architecture ogivale ce caractère propre qui la distingue de toutes les autres.

Ornementation végétale. — Les sculpteurs demandent aux plantes mêmes de nos champs et de nos bois leurs principales inspirations. Parmi celles qu'ils reproduisent de préférence, nous citerons : les *feuilles du chêne, de la vigne, du lierre, de l'aune,* etc.; les *feuilles* et les *fleurs du rosier, du nénuphar, des renoncules, des mauves, des pavots, des euphorbes, du muguet, de l'aconit,* etc. etc. Et ils les reproduisent avec un talent remarquable. A mesure qu'ils avancent, ils les développent davantage, ils ouvrent les corolles, dégagent les pistils et les étamines, font paraître les fruits : de sorte qu'on peut dire que « cette végétation de pierre semble s'épanouir comme si le temps agissait sur ces plantes monumentales comme il agit sur les végétaux ». — Ils allèrent même jusqu'à mêler à ces feuilles et à ces fleurs des animaux de toute espèce, les uns empruntés à la faune locale, les autres au règne fabuleux, comme les *griffons,* la *sirène,* le *basilic,* le *phénix,* le *dragon,* la *salamandre,* etc. Mais, chose à noter, les animaux ne sont admis que dans l'ornementation extérieure. « Ils abondent sur les façades des cathédrales du commencement du XIIIᵉ siècle; ils font absolument défaut à l'intérieur, sauf de rares exceptions, ».

Crochets. — Le *crochet* est un des ornements les plus employés par l'architecture de cette époque. Nous le trouvons partout : c'est l'ornement principal du chapiteau; il couvre sa corbeille et semble soutenir le tailloir; les corniches en sont tapissées; toutes les lignes droites, surtout celles qui se détachent sur le ciel, comme les arêtiers des flèches, des clochetons, des pinacles, les rampants des gâbles, en sont couverts. — Les crochets offrent une grande variété de détails, tout en conservant la forme générique de *crosse* ou *crochet*. Leur tête est terminée, tantôt par des feuilles, d'abord très-enroulées, puis très-épanouies, tantôt par des fleurs dont les pétales sont retournés, quelquefois même par une tête humaine ou par une tête d'animal (fig. 19). Vers la fin du siècle, ils tendent

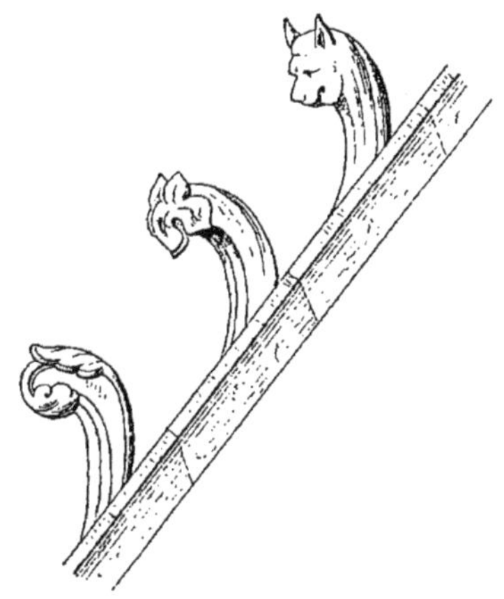

Fig. 19.

à se modifier, au moins dans certaines parties des édifices : aux pignons, par exemple, ce ne sont plus que des feuillages rampants, qui se relèvent de distance en distance pour simuler une dentelure.

Dais. — Un autre ornement non moins caractéristique de cette période, c'est le *dais,* sorte de petit dôme saillant, destiné à abriter une statue. Les dais sont très-richement sculptés, et ont le plus souvent l'aspect d'enceintes fortifiées avec tours crénelées et donjon (fig. 20).

Pinacles. — Les *pinacles* sont de petites pyramides assez semblables aux clochetons : ils ne s'en distinguent que par des dimensions plus petites. Tantôt carrés, tantôt octogones, ils présentent d'abord une simplicité de lignes qui se perdra au fur et à mesure que nous avancerons ; leurs arêtes sont décorées de crochets, et leurs sommets surmontés d'un fleuron (fig. 21).

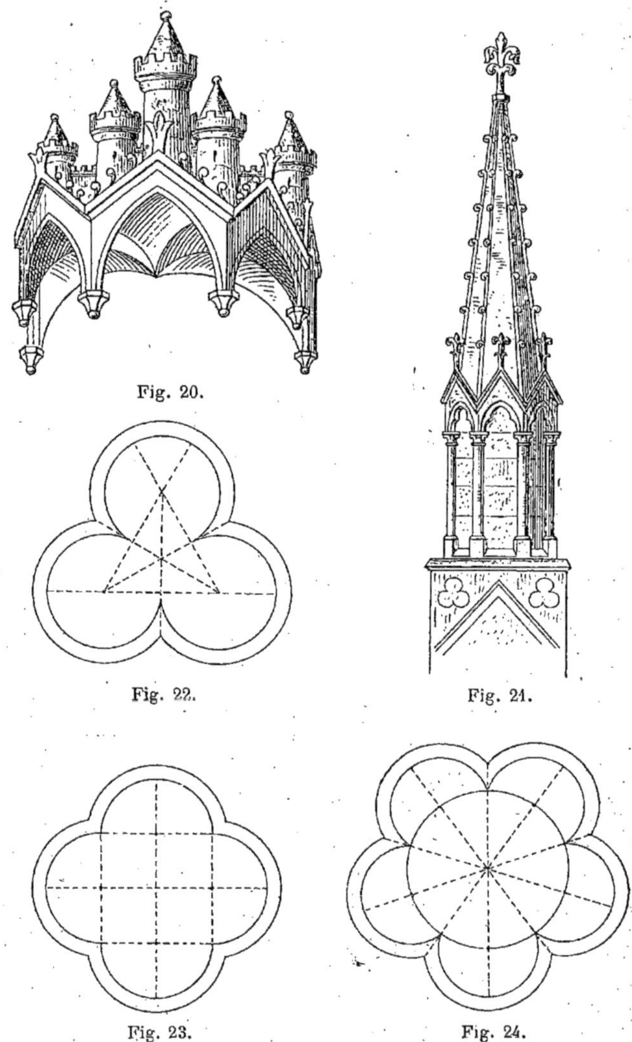

Fig. 20.

Fig. 22.

Fig. 21.

Fig. 23.

Fig. 24.

Tréfles, quatre-feuilles, quinte-feuilles, fleurons, rosaces. — Les autres ornements les plus répandus sont : les *tréfles* (fig. 22), les *quatre-feuilles* (fig. 23), *quinte-feuilles* (fig. 24), arrondis ou lancéolés, à jour, en creux ou en relief ; les *fleurons*, sorte d'épanouissement végétal qui termine certains membres d'architecture, tels que pinacles, clochetons, gâbles : ils se composent d'une tige carrée ou octogone, portant un ou deux bouquets de feuilles superposés et plus ou moins ouverts (fig. 25) ; les *rosaces* : on donne ce

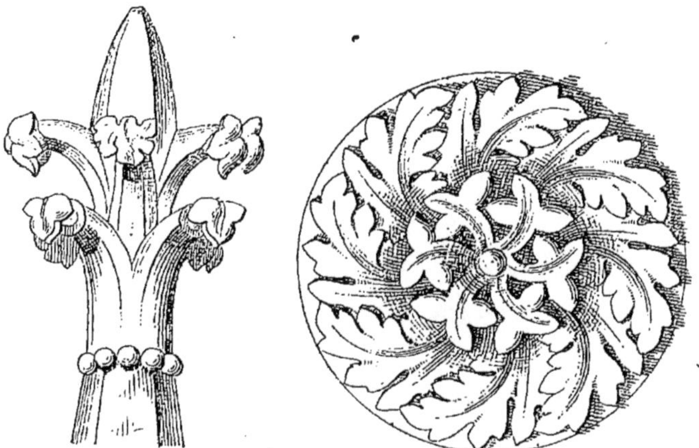

Fig. 25. — Fleuron de la cathédrale de Séez.

Fig. 26. — Rosace de la cathédrale de Séez.

nom à de petits massifs de feuilles ou de fleurs inscrits dans des trèfles, des quatre-feuilles ou des cercles (fig. 26).

Arcatures. — Enfin nous retrouvons, de l'ornementation antérieure, les *arcatures*. Comme autrefois, elles sont toujours l'ornement habituel des grandes surfaces nues, soit dans les bas côtés, soit dans les transepts, soit aux portails ; mais il va sans dire qu'elles aussi ont substitué l'ogive au plein-cintre. A mesure que l'architecture se débarrasse des formes lourdes de l'époque romane, elles deviennent plus légères, leurs colonnettes sont plus sveltes, les moulures de leurs archivoltes plus nombreuses. L'intérieur de ces arcs est souvent rempli par des trèfles, des quatre-feuilles et même des rosaces d'un beau caractère et d'une excellente exécution. — (Ex. : cathédrales de Paris, de Chartres, de Bourges, de Séez, etc.) — Vers 1245, au moment où l'architecture ogivale touchait à la perfection, les arcatures, dans les édifices bâtis avec lùxe, prennent encore une plus grande importance, et forment sous les fenêtres une décoration des plus riches et du meilleur goût. Elles se couvrent de bas-reliefs, d'à-jour, d'ornements

Fig. 27. — Arcature de la Sainte-Chapelle à Paris.

variés. Les murs eux-mêmes reçoivent de la peinture, des applications de gaufrure [1] ou de verres colorés et dorés. — La Sainte-Chapelle du Palais, à Paris, nous offre le plus bel exemple que l'on puisse donner d'une série d'arcatures ainsi traitées (fig. 27) [2]. »

[1] On appelle *application de gaufrure* une application de pâte de chaux très-mince, sur laquelle, pendant qu'elle est encore molle, on imprime des ornements déliés et peu saillants, au moyen d'un moule de bois ou de fer. On décorait ainsi les vêtements des statues, et en général les parties délicates de l'architecture intérieure. — (Ex. : Sainte-Chapelle, à Paris, cathédrale d'Angers, etc.)

FENÊTRES ET ROSES

J. Au commencement du siècle, elles sont étroites, mais très-allongées ; elles peuvent assez justement être comparées à un fer de lance (fig. 28). Ce qui leur a fait donner, à elles d'abord, le nom de fenêtres à *lancette*, et ensuite, par extension, à tout le style de cette période, celui de *style à lancette*. Très-simples dans

Fig. 28. Fig. 29.

le principe, elles sont d'abord seules, puis réunies deux à deux et enfermées dans une ogive plus grande dont le sommet est occupé par un trèfle, un quatre-feuille ou une petite rosace (fig. 29). — M. de Caumont a donné le nom de *lancettes géminées* à « ces fenêtres dont la pure élégance et l'harmonieuse simplicité n'ont jamais été surpassées ».

Mais les architectes de la seconde moitié du XIIIe siècle ne se contentent plus de deux petites fenêtres accouplées par un seul

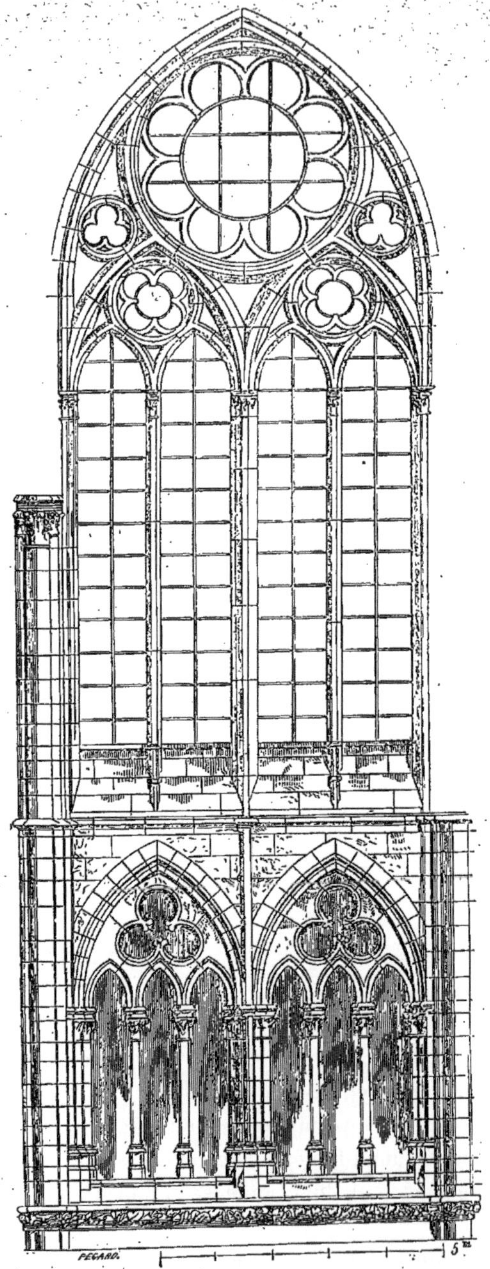

Fig. 30. — Triforium et clérestory de Notre-Dame d'Amiens.

meneau [1]. Ils ouvrent de larges baies, qui parfois vont jusqu'à prendre la plus grande partie de l'espace compris entre les deux piles d'une travée : ils divisent ces baies par trois meneaux verticaux, sur lesquels ils appuient plusieurs ogives. Les pieds-droits sont dissimulés sous des faisceaux de colonnettes qui portent de petites voussures en retrait les unes sur les autres. — Soit donnée pour exemple la fenêtre du clérestory de Notre-Dame d'Amiens (fig. 30). Le meneau du milieu porte deux arcs unis ensemble par une rose ; les deux grandes divisions sont subdivisées à leur tour par deux autres meneaux, qui portent eux-mêmes deux ogives plus petites, lesquelles sont aussi unies par de petites roses. — L'intérieur des roses et des ogives est souvent garni de *redents* [3] dessinant des trèfles, des quatre-feuilles, des quinte-feuilles (fig. 31).

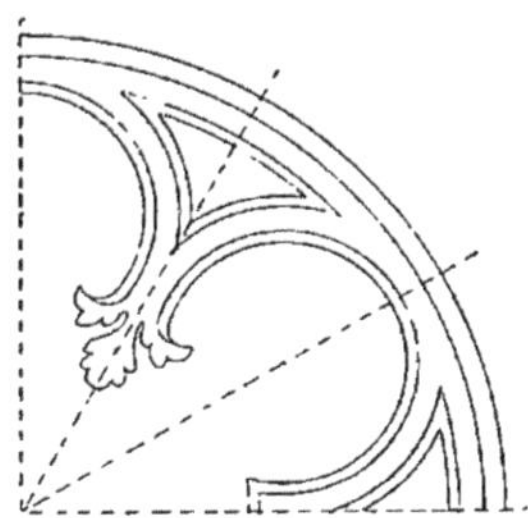

Fig. 31.

C'est sur les meneaux et sur des barres de fer qui les traversent horizontalement, que sont attachés les *vitraux,* qui maintenant ferment toujours les baies.

A l'extérieur, la grande ogive est quelquefois surmontée d'un *gâble triangulaire,* dont les rampants sont garnis de crochets. Mais ce gâble est *encore plein* et simplement décoré de trèfles et de quatre-feuilles en relief et d'un fleuron comme amortissement [4]. — (Ex. : Sainte-Chapelle, à Paris.)

---

[1] On appelle *meneau* un montant en pierre destiné à partager une fenêtre en plusieurs compartiments.

[2] On appelle *redents* des découpures de pierre en forme de dents.

[3] On appelle *amortissement* la partie culminante d'un membre d'architecture. Ainsi un fronton est l'amortissement d'une façade, un fleuron est l'amortissement d'un fronton.

Remarquons qu'en général les fenêtres du clérestory sont plus simples que celles des étages inférieurs. — (Ex. : Notre-Dame de Paris, cathédrale de Séez, etc.)

II. Pendant la première moitié du siècle, les roses conservent à peu près le même aspect qu'à la fin du siècle précédent. Mais bientôt elles s'agrandissent de telle façon qu'elles occupent toute la largeur des transepts et même de la façade principale. Les deux roses des transepts de Notre-Dame de Paris, construite en 1257, n'ont pas moins de 12^m 90^c de diamètre. Leurs compartiments se multiplient aussi de plus en plus. — Ce qui distingue particulièrement les roses du XIIIe siècle, ce sont les traverses, en forme de

Fig. 32.

colonnettes, qui les divisent pendant les deux tiers de leur diamètre, et qui, dans le troisième tiers, supportent sur leurs chapiteaux de petites ogives trilobées, unies entre elles par des trèfles et des quatre-feuilles (fig. 32).

FAÇADES

Rien certainement, en fait d'architecture, ne peut être comparé à la magnificence des façades de nos cathédrales ogivales. Citer, par exemple, les façades de Notre-Dame de Paris, des cathédrales

de Reims, de Chartres, de Rouen, de Strasbourg, c'est citer tout
ce qu'on peut concevoir de plus beau, de plus grandiose, de plus
achevé comme construction.

On peut distinguer dans les façades principales trois zones : une
première, celle d'en bas, qui est occupée par les *portes* ; une
seconde, qui se compose d'une *galerie* et d'un ou de deux rangs
de larges *fenêtres*, ou encore d'une *rose ;* enfin une troisième, qui
comprend les *clochers*. — Nous ne dirons rien ici des fenêtres et
des roses, que nous venons d'étudier; et comme nous parlerons
plus tard, dans un paragraphe spécial, des clochers, nous n'avons
à nous occuper en ce moment que des portes.

Notons d'abord qu'il n'est pas besoin d'avoir observé beaucoup
de nos églises du XIIIe siècle pour constater la plus grande variété
et dans l'ordonnance générale et dans les détails de leurs entrées
principales. Ordinairement, pourtant, elles présentent trois *portes,*
s'ouvrant sur les trois nefs, celle du milieu plus vaste et plus orne-
mentée que les deux autres. Séparées entre elles par des contre-
forts très-saillants couronnés de clochetons et couverts de pinacles
en application ou de niches avec statues, ces portes sont parfois
surmontées de frontons triangulaires. Leurs ébrasements s'ouvrent
de plus en plus depuis qu'on est obligé de donner aux murs, à
cause des clochers très-élevés qu'ils portent, beaucoup de solidité,
et par conséquent beaucoup d'épaisseur. Les faces des ébrasements
sont garnies de grandes statues souvent adossées à des colonnes
et couvertes de dais très-finement travaillés. Les voussures sont
aussi plus nombreuses, surtout à la porte du milieu : elles sont
tapissées de belles guirlandes de feuilles et de fleurs fouillées
avec une exquise délicatesse, ou bien elles abritent de petites
figures représentant des anges et des saints, des patriarches et
des prophètes de l'ancienne loi. Au milieu de ces voussures, qui
l'entourent comme un encadrement, se détache le tympan couvert
de beaux bas-reliefs, tous d'une composition saisissante : tantôt
c'est l'ascension de Jésus-Christ ou l'assomption de la sainte
Vierge ; tantôt quelque légende de la vie du Saint, patron de
l'église, ou la translation de ses reliques ; ou bien encore une des
grandes scènes du dogme catholique, souvent le jugement der-

nier : dans ce dernier cas, la résurrection des morts, le pèsement des âmes par les anges, sont quelquefois sculptés sur le linteau. Sur le trumeau de la porte principale, on place une grande statue, très-fréquemment celle du Christ, tenant d'une main l'Évangile et bénissant de l'autre. — (Ex. : Notre-Dame de Paris, cathédrales de Chartres, d'Amiens, de Reims.) — On réserve ordinairement pour les trumeaux des portes des transepts, celles de la Vierge ou du Saint, patron de l'église. — Nous donnons, comme exemple (fig. 33)[1], la belle porte de la Vierge du portail de la cathédrale de Paris.

Les galeries qui règnent au-dessus des portes sont toujours très-légères et très-élégantes, et reçoivent parfois une série de statues colossales représentant les rois appartenant à la généalogie de Jésus-Christ et de sa très-sainte Mère. Alors elles sont appelées *galeries des Rois.* — (Ex. : Notre-Dame de Paris, cathédrale d'Amiens.)

Ces galeries, comme nous venons de le dire, sont surmontées d'une grande rose ou plusieurs fenêtres, qui complètent ce magnifique ensemble. — Qu'il nous soit permis de faire remarquer que les feux du soleil couchant, en passant à travers les belles verrières dont elles sont garnies, leur empruntent leurs mille couleurs, et vont remplir des teintes les plus variées et les plus mystérieuses l'intérieur du monument, auquel ils donnent ainsi une splendeur vraiment incomparable.

Quelquefois le sommet du gâble du milieu porte une statue de Jésus-Christ bénissant, ou bien, quand la scène sculptée sur le tympan est le jugement dernier, celle d'un ange sonnant de la trompette.

Les entrées latérales ont à peu près les mêmes dispositions, sauf qu'elles ne se composent le plus souvent que d'une seule porte, et qu'elles sont plus simples et moins ornementées. Parfois cependant, dit M. de Caumont, elles ne le cèdent point en magnificence aux portes principales.

Dès la fin du XIIe siècle, la tendance générale était de supprimer les vastes *porches* fermés, si en usage pendant la période romane, ou plutôt de les réunir aux nefs. Au XIIIe siècle, les quelques

---

1. Cette belle figure est tirée du *Dictionnaire* de M. Viollet-le-Duc.

Fig. 33. — Porte de la Vierge à la cathédrale de Paris.

porches qu'on bâtit devant les façades occidentales sont peu profonds et sont toujours ouverts. — (Ex. : cathédrale de Séez.) — La
plupart du temps même ils sont simplement formés par les larges
ébrasements des murs et leurs voussures multipliées. Aussi doit-
on dorénavant cesser d'appeler ces sortes de constructions du nom
de *porches*, mais leur donner celui de *portails* ou de portes abritées. — En revanche, on construit beaucoup de porches devant
les entrées latérales des églises et spécialement des cathédrales.
— (Ex. : cathédrales de Chartres, de Bourges, de Châlons-sur-
Marne).

Nous ne pouvons finir sans citer, comme type de façade de cette
première période ogivale, la façade occidentale de la cathédrale de
Reims, qui, telle qu'elle est encore aujourd'hui, est, au témoignage des plus éminents artistes, « une des plus splendides conceptions du XIIIe siècle ».

COLONNES ET PILIERS

Les piles conservent les deux principales dispositions que nous
avons remarquées au XIIe siècle, à savoir : de grosses colonnes
monocylindriques portant sur leurs chapiteaux quelques colonnettes en faisceaux, sur lesquelles viennent *retomber* les arcs-doubleaux, les arcs ogives et les formerets des voûtes : ou bien de
piliers carrés, cylindriques ou elliptiques, cantonnés de colonnettes très-nombreuses, tantôt montant d'un seul jet du sol à la
voûte, n'ayant d'autres limites que la hauteur même de l'édifice,
tantôt divisées en plusieurs ordres, la base de l'une reposant sur
le chapiteau de l'autre. Mais au XIIIe siècle, elles sont surtout beaucoup plus sveltes et plus élevées qu'auparavant. Quand ces colonnettes sont isolées, on ne sait souvent lequel admirer davantage,
ou de leur hardiesse ou de leur élégance, tant leur hauteur est
grande comparativement à leur petit diamètre. — (Ex. : cathédrales de Dol, d'Auxerre, de Saint-Quentin, de Lisieux, de Séez.)
— Quand elles sont *groupées*, elles saillissent au moins des trois
quarts de leur épaisseur ; quelquefois elles sont complétement
détachées du pilier. — (Ex. : cathédrale de Laon.)

11

L'architecture du xiii⁰ siècle renonça entièrement à sculpter les fûts des colonnes; elle se contenta de les orner de temps en temps de peintures.

Bases. — Au xiii⁰ siècle, les bases sont toutes ou octogones — (Ex.: cathédrales de Paris, d'Amiens, de Reims, de Sens, de Bourges), ou circulaires. — (Ex. : cathédrales de Séez, du Mans.) — Par conséquent elles perdent la griffe qui ornait les angles de l'ancienne

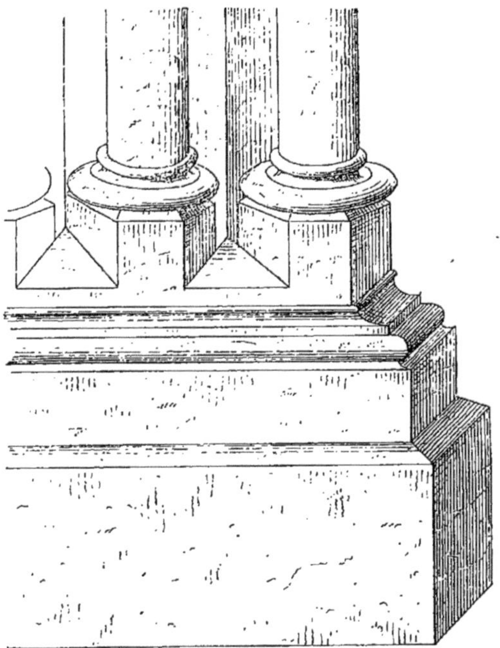

Fig. 34. — Base de la cathédrale de Séez.

base carrée. — Les bases des grandes piles se composent généralement de trois membres : 1⁰ d'un socle inférieur uni (fig. 34); 2⁰ d'un socle avec moulures; 3⁰ de la base proprement dite de la colonne. Au contraire, les bases des piles engagées dans les murs latéraux ne se composent guère que de deux membres : 1⁰ d'un socle à la hauteur du banc; 2⁰ de la base proprement dite de la colonne. Cette base se compose d'une plinthe et de deux tores, séparés entre eux par une scotie très-évidée. — Le tore inférieur est souvent très-épanoui ; quelquefois même il est tellement aplati qu'il déborde sur la plinthe. Alors un petit *support* est ménagé sous sa saillie (fig 35). — (Ex. : pourtour du chœur de la cathédrale de Séez, cloître de la cathédrale de Verdun.)

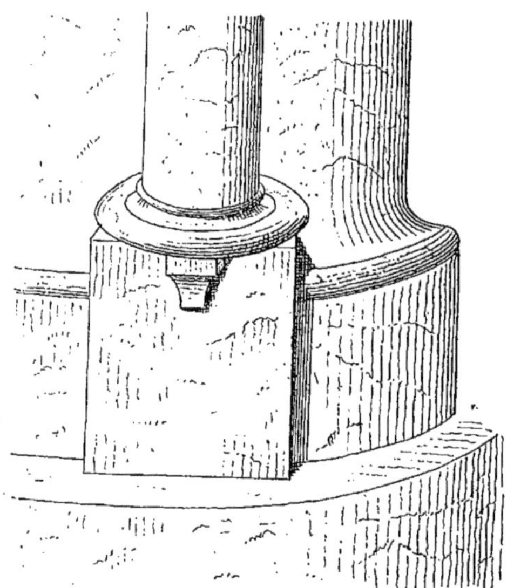

Fig. 35. — Base de la cathédrale de Séez.

Dans tous les cas, « si grand que soit l'édifice, les bases dont le niveau est le plus élevé ne dépassent jamais et atteignent rarement la hauteur de l'œil, c'est-à-dire 1^m 60. »

Chapiteaux. — La forme typique du chapiteau ogival primitif est celle d'une corbeille très-évasée, garnie de crochets. Ces crochets, d'abord très-simples et peu saillants, se terminent ou par une feuille ou par une fleur à peine ouverte, ou encore par une petite tête d'animal (fig. 36). Mais bientôt ils prennent de plus grandes proportions et vont jusqu'à dépasser le niveau du tailloir. Alors le bouton de fleurs ou de feuilles qui les terminent grossit, s'épanouit peu à peu et finit par devenir un véritable bouquet. L'espace compris entre chaque crochet se tapisse lui-même de feuilles et de fleurs les plus variées, toutes cependant appartenant à la flore indigène (fig. 37). — Le tailloir, carré dans le principe, devient,

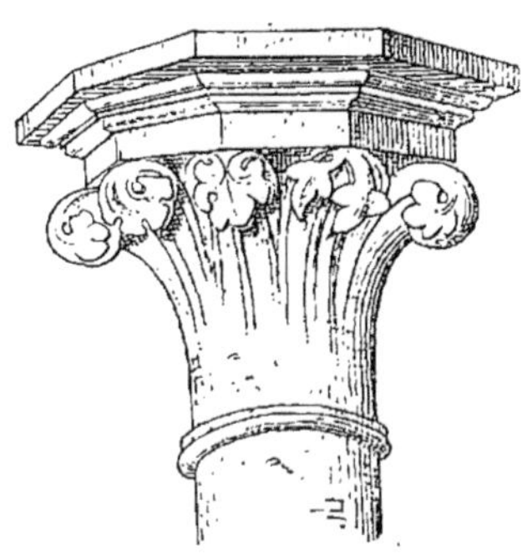

Fig. 36.

dans la deuxième moitié du siècle, ou polygonal ou circulaire, suivant les contrées (fig. 36 et 37).

VOÛTES

Nous n'ajouterons rien à ce que nous avons dit précédemment sur les voûtes. Leur structure est la même qu'à la fin du XII⁰ siècle. Nous nous contenterons de remarquer avec M. de Caumont que « c'est peut-être dans la construction des voûtes que les architectes du XIII⁰ siècle ont montré le plus d'habileté. Il y a des voûtes qui n'ont que 6 pouces (0ᵐ 16ᶜ) d'épaisseur, et qui sont jetées d'un mur à l'autre à plus de 100 pieds d'élévation avec une hardiesse admirable ; jamais elles ne sont faites en pierres de taille, mais en petites pierres mêlées avec beaucoup de mortier, et cependant ces voûtes, si faibles en apparence, ont une telle solidité, qu'elles résistent après des siècles aux efforts des hommes et des éléments. Je connais, ajoute l'éminent archéologue, des voûtes du XIII⁰ siècle qui sont exposées, depuis plus de quatre-vingts ans, à l'action des eaux pluviales par suite de l'enlèvement des toits des églises dont elles font partie, et qui sont encore très-solides. » — Les bas côtés ont leurs voûtes construites sur le modèle de la voûte de la haute nef.

Fig. 37. — Chapiteau de la Sainte-Chapelle à Paris.

Dans l'Anjou, le Poitou, et en général dans les provinces au delà de la Loire, on continue à employer le système des voûtes *cupoliformes*, telles que nous les avons déjà décrites.

Les clefs de voûtes du XIIIe siècle sont presque toutes recouvertes de feuillages admirablement agencés ; mais elles sont sur-

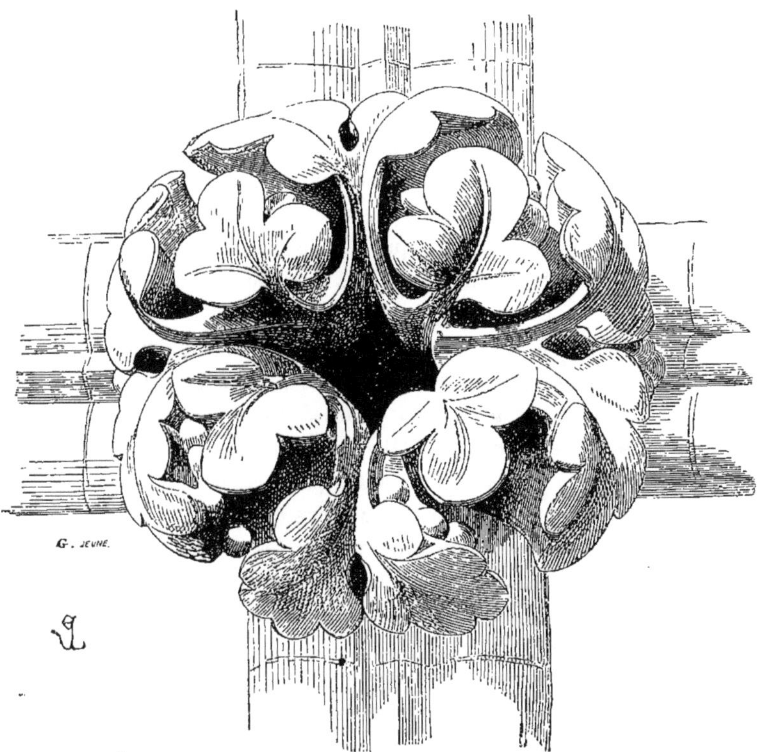

Fig. 38. — Clef de voûte de l'abbaye de Saint-Martin-des-Champs, à Paris.

tout remarquables par leurs proportions toujours en rapport avec la grandeur des voûtes (fig. 38). — On voit cependant encore des clefs à *figures* et à *personnages* ; toutefois elles sont réservées de préférence pour les sanctuaires. Vers la fin du siècle, elles sont fréquemment décorées d'écussons armoriés, d'abord entourés d'ornements et de feuillages, puis, dans la suite, soutenus par des anges, ou dépouillés de toute espèce d'accessoires. Nous ne devons pas omettre ici que presque toujours les clefs de voûtes sont peintes, même dans les monuments d'ailleurs totalement dépourvus de peintures. La peinture appliquée sur les clefs se prolonge un peu sur les arcs ogives.

CLOCHERS

Jusqu'à la fin du XIIe siècle, les clochers avaient été, pour ainsi dire, des monuments isolés qui n'entraient pas encore dans le plan d'ensemble des églises. Au XIIIe siècle, ils deviennent partie intégrante des façades; ils participent à leur composition générale, et ne deviennent réellement clochers qu'au-dessus du niveau des collatéraux et des murs des nefs. — (Ex. : cathédrales de Paris, de Reims, de Laon, de Chartres, de Séez.) — Leur partie inférieure, toujours carrée, est à peu près pleine et flanquée de deux épais contre-forts aux deux angles libres; elle ne fait qu'un avec la masse de la façade et sert de vestibule aux portes des collatéraux. A partir du point où ils se détachent complétement de la masse de la façade, ils montent encore pendant quelque temps sous la forme de tours carrées, percées d'un ou de plusieurs rangs de fenêtres longues et étroites. Puis, ces *tours carrées* sont surmontées de *flèches* ou *pyramides octogonales* en pierre, qui s'élèvent à des hauteurs prodigieuses. — C'est le perfectionnement auquel les architectes travaillaient depuis plus d'un siècle : placer une pyramide octogone sur une tour carrée. Les espaces triangulaires qui restent nécessairement vides entre les deux côtés de chacun des quatre angles de la tour et la base de quatre des pans de la flèche, sont remplis par quatre *clochetons* plus ou moins élevés selon la hauteur de la flèche elle-même : les quatre autres pans, qui correspondent aux quatre faces de la tour, sont occupés par des *lucarnes* à *pinacle* (fig. 39). — La figure 40, représentant la flèche de la cathédrale de Saint-Denis, près Paris, donne la vue perspective de ces sortes de flèches.

Comme les flèches, si elles restaient pleines, paraîtraient lourdes au-dessus des faces très-ajourées de la partie supérieure des tours, on perce dans leurs pans des sortes de *meurtrières allon-*

gées qui leur donnent la légèreté nécessaire (fig. 37). — (Ex. :
cathédrales de Senlis, de Saint-Denis.) — Nous verrons au siècle
suivant ces ouvertures longitudinales remplacées par des *tréfles* et
des *quatre-feuilles*. Les flèches sont de plus couvertes en imbrications, et leurs arêtiers sont parfois garnis de crochets saillants,
qui, en se détachant sur le ciel, détruisent la sécheresse de ces
longues lignes inclinées.

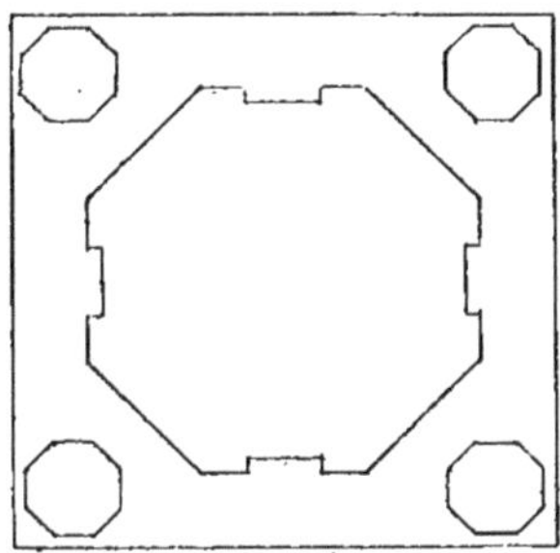

Fig. 39.

Beaucoup de clochers ne sont pas terminés et s'arrêtent là où
devait commencer la flèche octogonale. Par conséquent, la tour
proprement dite seule existe : elle est alors couverte par une
plate-forme ou par un toit en charpente très-aplati. — (Ex. : Notre-
Dame de Paris, cathédrales de Reims, de Laon.) — A la place
des clochers romans, on élève souvent, au milieu de la croisée, des
flèches très-sveltes, ordinairement construites en bois et couvertes
d'ardoises ou de plomb. — (Ex. : Notre-Dame de Paris, Sainte-
Chapelle du Palais, cathédrales d'Évreux, d'Amiens.)

Mais on ne se contente pas toujours des deux clochers de la
façade occidentale, on en élève aussi sur les portes des transepts ;
quand ces portes ont quelque importance. Quoique la plupart de
ces clochers soient restés inachevés, on peut juger par ceux que
nous avons encore qu'ils durent avoir à peu près les mêmes dispositions que les deux clochers principaux.

Pour les tours des petites églises, on emploie souvent un autre
mode de couronnement très-simple, et cependant d'un effet assez

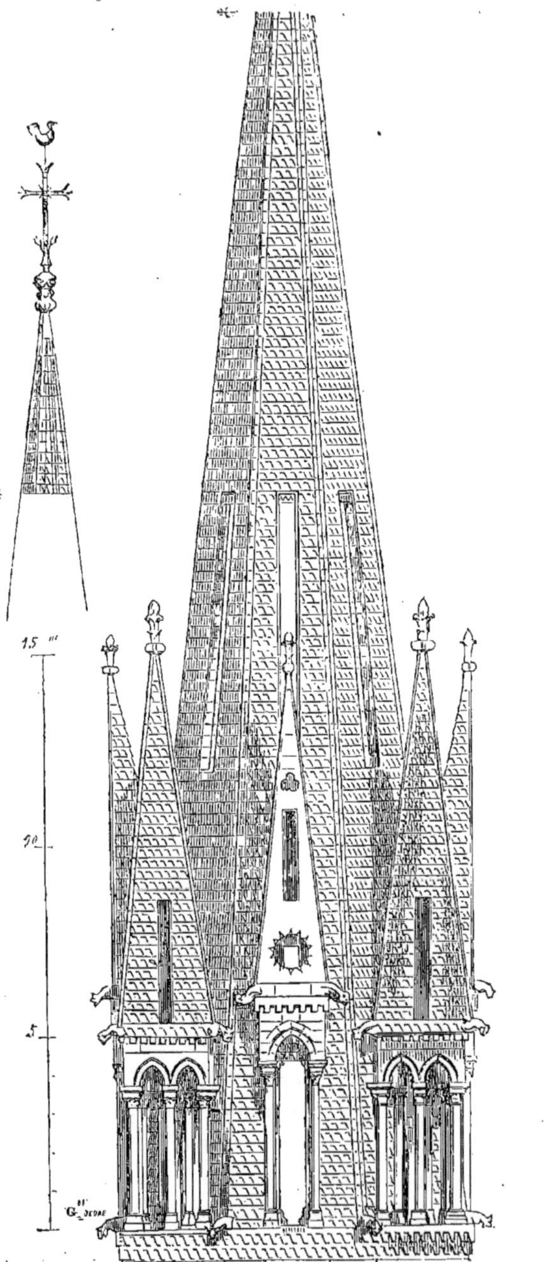

Fig. 40. — Flèche de Saint-Denis.

heureux : on les couvre d'un toit en *batière*, c'est-à-dire à double

Fig. 41.

égoût (fig. 41). — Ces toitures, peu dispendieuses, continueront à être usitées pendant les siècles suivants.

SCULPTURE ET STATUAIRE

Autant nous avons trouvé, au commencement du XIIe siècle, la sculpture imparfaite et dans l'invention et dans l'exécution, se contentant des modèles empruntés à l'Orient, autant nous la voyons, au XIIIe siècle, dégagée de toute influence étrangère et portant à la perfection l'entente de la composition et de l'interprétation. — La sculpture d'ornement, comme nous l'avons déjà dit, prend tous ses motifs dans les feuilles et les fleurs de nos champs et de nos bois ; mais loin de s'astreindre à les copier servilement, elle sait en quelque sorte les *idéaliser,* leur donner un cachet monumental et une franche originalité qui ne seront jamais surpassés ; elle sait les traiter avec une habileté et une sûreté de main qui feront toujours l'admiration des artistes. « Quant au *faire,* le ciseau des praticiens de nos meilleures écoles françaises de la fin du XIIe siècle égale la pureté du ciseau grec. » Portant au plus haut point le sentiment des proportions, elle sait en outre, chose trop souvent ignorée depuis, travailler ses différents sujets plus ou moins délicatement, suivant la place qu'ils doivent occuper dans l'édifice. Le petit ornement placé près de l'œil est détaillé et très-finement modelé; l'ornement colossal est simple et largement taillé; les masses sont fortement accentuées, et les saillies vivement senties.

Quant à la statuaire, elle est, dès le commencement du XIIIe siècle, d'une valeur incontestable et incontestée. Nous en avons la preuve dans l'empressement avec lequel les architectes s'en emparent pour la décoration de leurs églises. Ne se contentant plus, ainsi que l'avaient fait leurs devanciers du XIIe siècle, d'orner de statues les parois latérales des portes, ils en ornementent les faces des contre-forts et des pinacles en application, ils en remplissent les arcatures, spécialement celles qui couvrent la partie supérieure des façades. — (Ex. : Notre-Dame de Paris, cathédrales de Chartres, de Reims, d'Amiens, de Senlis.) — A une fécondité inépuisable se joignent une fraîcheur de conception incomparable, un agencement de lignes des plus heureux, une largeur et en même temps une délicatesse d'exécution des plus remarquables. Les sculpteurs mettent de l'expression dans les figures, du mouvement dans les poses; ils possèdent au plus haut degré « ce *faire* large, simple, presque insaisissable des belles œuvres grecques; c'est la même sobriété de moyen, le même sacrifice de détails, la même souplesse et la même fermeté à la fois dans la façon de modeler les nus. » Oubliant les vêtements roides, compassés, couverts de plis serrés des siècles passés, ils revêtent à présent leurs statues d'un vêtement idéal, qu'ils drapent suivant leur goût et leur fantaisie, mais toujours avec une grâce irréprochable. « Jamais on ne sut mieux, sinon dans la belle antiquité grecque, donner aux draperies le mouvement, la vie, l'aisance. » Il nous suffira d'en donner un exemple, pris à la cathédrale d'Amiens (fig. 42).

Enfin, continuant les traditions romanes, ils les couvrent de peintures et de dorures. — (Ex. : Notre-Dame de Paris, cathédrales de Reims, d'Amiens, de Senlis.) — Toutefois, ils ne se contentent

Fig. 42. — Statue de la Vierge.

pas de poser les teintes à plat ; mais faisant intervenir l'art dans leur travail, ils savent, au moyen de glacis obscurs, creuser davantage les plis des vêtements, accuser plus fortement les ombres ; ils savent, par des redessinés vigoureux en noir ou en brun habilement répartis, donner du relief au modelé et de la vie aux figures.

Qu'il nous soit permis, avant de finir, de faire observer à certains amateurs qui ne peuvent accorder leur admiration qu'aux œuvres d'art *portant un nom*, que cette belle statuaire du XIIIe siècle n'est jamais *signée*. Sans doute les artistes de ces temps de foi travaillaient plutôt pour la gloire de Dieu que pour une vaine renommée ; mais de plus « ils pensaient, non sans quelque fondement, qu'un nom au bas d'une statue n'ajouterait rien à sa valeur réelle aux yeux des gens de goût, ceux-ci n'ayant pas besoin d'un certificat ou d'un titre pour juger une œuvre... Nous avons changé tout cela, et aujourd'hui c'est l'attache du nom de l'artiste auquel, à tort ou à raison, on a fait une célébrité, qui donne de la valeur à l'œuvre. » L'art y a-t-il gagné quelque chose ?

PEINTURE MURALE

La peinture murale est de plus en plus employée et se perfectionne en proportion de son usage plus fréquent. Le dessin devient plus correct, le coloris de mieux en mieux raisonné. Nous venons de voir qu'au XIIIe siècle les baies des fenêtres sont toujours fermées par des vitraux. Or ces vitraux, très-colorés, en interceptant la lumière trop blanche du dehors, remplissent les intérieurs d'un demi-jour mystérieux, qui d'ailleurs est un des charmes des églises ogivales. Toutefois ils ont l'inconvénient d'éteindre par leurs tons très-intenses les peintures murales des siècles passés, qui par elles-mêmes étaient claires et transparentes. Aussi voyons-nous actuellement l'harmonie de la peinture subir d'importantes modifications. A la place des demi-teintes d'autrefois, on emploie les couleurs franches, vives, brillantes. « Le vert ne sert plus que de moyen de transition ; les fonds deviennent sombres, brun-rouge, bleu intense, noir même, quelquefois or, mais dans ce cas toujours gaufrés. Le blanc n'apparaît plus guère que comme filets, rehauts délicats ; l'ocre jaune n'est employé que pour les accessoires. Les tons sont toujours séparés par un trait brun très-foncé, ou même noir. L'or apparaît déjà en masse sur les vêtements, mais il est ou gaufré ou accompagné de rehauts bruns. Les chairs sont claires. L'aspect général est chaud, brillant, également soutenu, sombre même s'il n'était pas réveillé par l'or. » Constatons que le bleu n'est employé que pour les voûtes : encore est-il toujours rehaussé d'ornements d'or, nécessaires pour lui enlever sa crudité.

Nous avons ajouté que le dessin devient plus correct. On peut même dire que la seconde moitié du siècle fournit des scènes d'une composition fort remarquable et par la vérité du geste et par la souplesse des poses, par des agencements bien entendus et par des mouvements d'une énergie vraiment puissante.

Mais la peinture décorative ne fut pas seulement employée à l'intérieur des édifices, elle le fut aussi assez souvent à l'extérieur.— (Ex. : façades et pignons des transepts de Notre-Dame de Paris; portail de la cathédrale d'Amiens.) — Alors les couleurs sont plus heurtées ; ce sont des tons rouge vif, des tons vert cru, des jaunes ocre orangé, des noirs et des blancs purs, rarement des bleus. Toutefois, ces couleurs ne sont pas ordinairement posées sur le nu des murs, mais sur les moulures, sur les colonnes, les sculptures d'ornement et la statuaire.

MONUMENTS

Le XIIIe siècle éleva un si grand nombre d'églises monumentales, que nous ne pouvons indiquer que les principales. Nous ferons seulement remarquer que le nord de la France est beaucoup plus riche que le Midi d'édifices de la première période ogivale. Le Midi ne construisit la plupart de ses cathédrales que pendant la seconde période.

Cathédrale de Paris (nef, chœur, portail).

Cathédrale de Reims (presque tout entière).

Cathédrale de Bourges (presque tout entière).

Cathédrale d'Amiens [1] (en grande partie).

[1] La cathédrale d'Amiens est la plus vaste des cathédrales françaises : elle couvre une superficie de 8,000 ^{m} environ. Celle de Reims occupe une

Cathédrale de Chartres (en grande partie).
Cathédrale de Strasbourg (en partie).
Cathédrale de Rouen (collatéraux et chœur).
Cathédrale de Laon (en grande partie).
Cathédrale de Beauvais (en grande partie)
Cathédrale de Coutance (presque tout entière).
Cathédrale de Séez (nef et bas côtés).
Cathédrale de Nevers (en grande partie).
Cathédrale du Mans (en grande partie).
Cathédrale de Dijon (en partie).
Cathédrale de Dol (presque en entier).
Cathédrale de Saint-Denis (nef et chœur).
La Sainte-Chapelle du Palais, à Paris (tout entière).
Église Saint-Urbain, à Troyes (en entier).
Église Saint-Père-sous-Vézelay (presque tout entière).
Église de Semur-en-Auxois (en grande partie).
       Etc. etc.

surface de 6,650 ^{m} ; celle de Bourges, une surface de 6,200 ^{m} ; celle de Paris, une surface de 5,500^m. Elle est de plus, comme plan et comme structure, l'église ogivale par excellence.

CHAPITRE VIII

ARCHITECTURE OGIVALE SECONDAIRE

OU

STYLE RAYONNANT

(xive siècle.)

Nous l'avons dit au chapitre précédent, après des auteurs d'une autorité incontestable, « l'architecture ogivale eut son point culminant pendant le règne de saint Louis. » Hâtons-nous cependant d'ajouter que le xive siècle est, de son côté, considéré par un certain nombre d'artistes et d'architectes « comme la période où l'art ogival, atteignant son plus haut degré de splendeur, devint la plus puissante expression de la pensée chrétienne. » Sans prétendre résoudre cette question de supériorité, nous ferons toutefois remarquer que l'architecture du xive siècle, en voulant perfectionner les qualités et les beautés de celle du xiiie, les exagéra fréquemment et tomba dans l'abus. En somme, elle présente une plus grande richesse de décoration, elle étonne surtout par la légèreté et la hardiesse de ses combinaisons; mais à tous ces progrès de détails, pour ainsi parler, elle sacrifie trop souvent le sentiment de l'ensemble et de la véritable grandeur; elle n'est pas si imposante, si majestueuse, si largement inspirée.

Nous observerons enfin avec M. de Caumont que, vers la fin du XIIIe siècle, l'architecture ogivale offrait déjà la plupart des formes qui la distinguent au XIVe. Mais, comme dans toute classification les divisions les plus simples sont les meilleures, il est préférable de faire concorder l'avénement du style ogival secondaire avec le commencement du XIVe siècle. Ne perdons cependant jamais de vue que la marche de l'art étant toujours constante, rien ne doit être regardé comme absolu dans toutes les classifications que l'on peut faire.

Mais revenons à la méthode que nous avons suivie jusqu'à présent, et passons en revue les différentes parties d'une église de cette période.

PLAN

Deux grandes innovations sont apportées aux plans des époques précédentes. D'abord les nefs collatérales, à l'instar des bas côtés du chœur, se garnissent de chapelles. Souvent même on en ajoute en sous-œuvre aux églises du XIIIe siècle. L'agrandissement de la chapelle terminale est maintenant aussi un fait constant. — (Ex. : cathédrale de Coutances, église Saint-Ouen, à Rouen.)

De plus, le triforium *s'ajoure complétement* et se relie intimement avec le clérestory ; il n'en est séparé que par

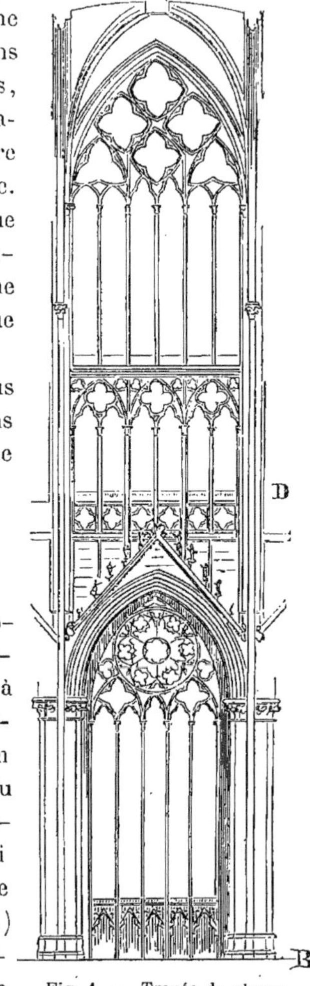

Fig. 1. — Travée du chœur de la cathédrale de Séez.

une seule dalle, qui recouvre la galerie du triforium et sert de chemin de ronde au-dessus de cette galerie ; de sorte qu'à propre-

12

ment parler le triforium n'existe plus, ou au moins n'est plus que la continuation du clérestory fig. 1. — L'exemple le plus complet et le plus développé peut-être du triforium se reliant absolument au clérestory se trouve au chœur de la cathédrale de Séez. La figure 1 donne une travée de ce chœur. De B, niveau du sol, jusqu'en D, commencement du triforium, est une grande fenêtre. L'espace, D A, qui comprend le *triforium* et le *clérestory*, est lui-même complétement ajouré.

Signalons en passant que dans les villes du Midi, pendant le XIIe, le XIIIe et même le XIVe siècle, on bâtit les églises comme de véritables forteresses. Les murs, montés très-haut sans la moindre ornementation, sont couronnés par des *créneaux* qui remplacent les balustrades ordinaires. — (Ex. : cathédrales d'Alby, de Carcassonne, de Narbonne, église de Béziers.) — Ce fait, d'ailleurs, n'a rien que de naturel, quand on se rappelle les guerres sanglantes qui ne cessèrent, pendant ces trois siècles, de ravager nos provinces méridionales.

CONTRE-FORTS ET ARCS-BOUTANTS

I. Les contre-forts du XIVe siècle sont les mêmes que ceux du XIIIe. Jusqu'au XVe siècle, ils conservent l'aspect de force et de solidité qui leur convient. On peut seulement noter que, pendant le XIVe siècle, leurs faces sont peu ornementées ; ils sont simplement surmontés de pinacles très-élevés et très-élégants. — Les gargouilles sont plus que jamais sveltes et légères ; elles se chargent de mille détails de sculpture.

II. Quant aux arcs-boutants, sans avoir précisément de changements à signaler, nous constaterons que c'est pendant cette seconde période qu'ils atteignent leur perfection et arrivent à leur entier développement. « A la fin du XIIIe et pendant le XIVe siècle, on voit l'arc-boutant appliqué sans hésitation partout ; on s'aperçoit alors que les règles touchant la stabilité des voûtes sont devenues classiques, et que les écoles de constructions ont admis des formules certaines. »

BALUSTRADES

Les balustrades à *colonnettes*, aussi bien pour les galeries extérieures des combles que pour les galeries intérieures des triforiums et des clérestorys, sont généralement abandonnées. On remplace le plus souvent les colonnettes par une suite de *trèfles* et de *quatre-feuilles* très-variés dans leurs formes et dans leurs dispositions (fig. 2), ou bien de *carrés* posés sur la pointe. —

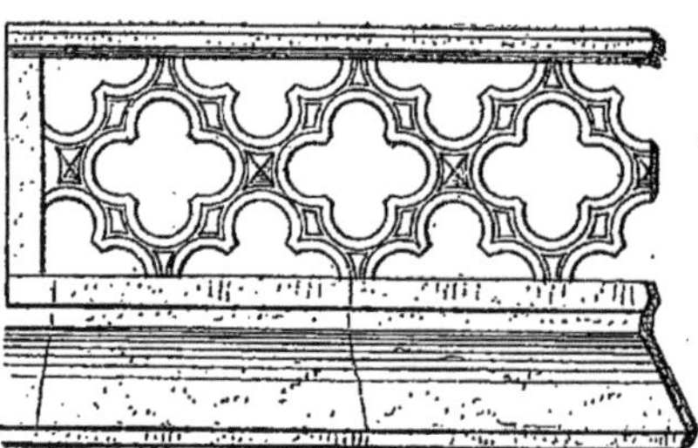

Fig. 2.

(Ex. : chœur de la cathédrale d'Amiens, église Saint-Ouen, à Rouen, etc.) — On rencontre aussi assez fréquemment des balustrades *pleines*, sur lesquelles on a simulé des trèfles et des quatrefeuilles en relief. — (Ex. : transepts de Saint-Bénigne de Dijon, cloître de la cathédrale de Béziers.)

ARCS ET ARCADES

La courbure des arcs est habituellement moins aiguë. D'après

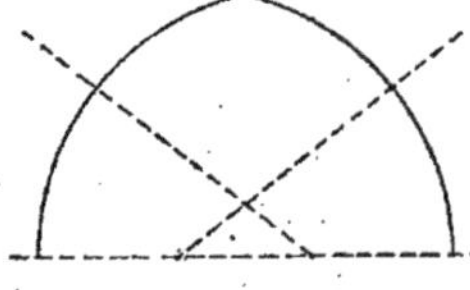

Fig. 3.

plusieurs auteurs, l'arc caractéristique du XIVᵉ siècle est celui dont les centres sont pris au tiers opposé de la corde (fig. 3).

ORNEMENTS

Les motifs d'ornementation de la période secondaire sont à peu
près les mêmes que ceux de l'époque primitive. Nous n'avons donc
qu'à signaler les progrès apportés dans leur exécution.

Ornementation végétale. — L'ornementation végétale est plus délicatement traitée, fouillée avec plus de soin ; le profil et le modelé
en est même parfois exagéré. Les sculpteurs, d'une habileté vraiment étonnante, vont chercher leurs modèles dans les plantes à
feuilles découpées : les *ellébores*, les *sauges*, les *géraniums*, les
chrysanthèmes, etc. Oubliant même la largeur d'interprétation de
leurs devanciers, ils s'attachent à les copier servilement : ils ne
craignent pas de sacrifier l'effet d'ensemble pour entrer dans des
détails insignifiants et inutiles. Il est vrai qu'en retour ils espèrent
par là, à cause des difficultés d'exécution, faire ressortir davantage
leur talent.

Moulures. — Les moulures sont plus fines et plus évidées, mais
par là même n'ont plus la vigueur et la saillie qui caractérisent

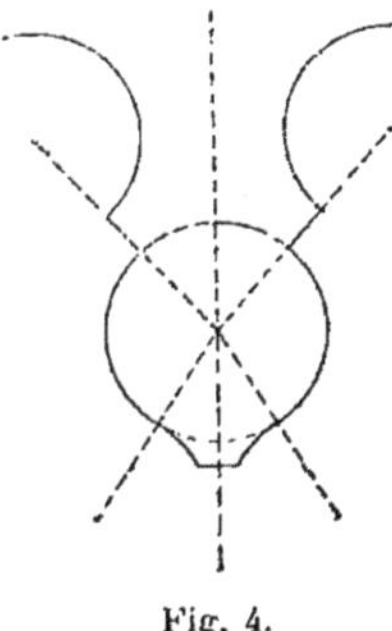

Fig. 4.

celles du XIII⁰ siècle. En outre, dans les moulures des arcades et
des cordons intérieurs et extérieurs, le tore central est muni d'une
arête *mousse*, c'est-à-dire aplatie, figurant un filet plus ou moins
large (fig. 4).

Crochets. — Les *crochets* des pignons et des gâbles sont plus
rapprochés les uns des autres, et ont en même temps plus d'am-

pleur. Ils sont aussi, selon le goût de la sculpture de l'époque, plus contournés, et leur tête, qui auparavant regardait le sol, se

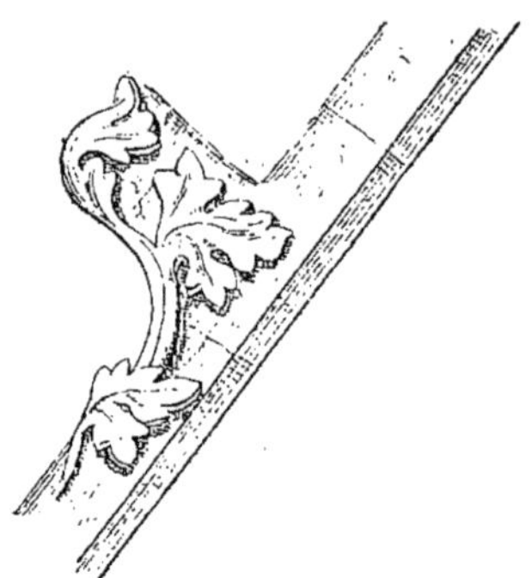

Fig. 5.

relève vers le ciel (fig. 5). Mais ils disparaissent pour toujours des chapiteaux et des corniches.

Dais et pinacles. — Les dais et les pinacles sont de plus en plus en usage. — Les *dais* se couvrent de mille détails de sculpture : Ils conservent encore leur ancien aspect d'enceintes fortifiées ; mais en outre ils prennent parfois la forme d'un chapiteau polygo-

Fig. 6.

nal, dont les faces sont décorées d'ogives, de trèfles ou de quatre-feuilles (fig. 6). — (Ex. : église Saint-Ouen, à Rouen.) — De plus, au lieu d'être tous comme précédemment de formes et de dimensions différentes, ils sont semblables, au moins pour chaque ran-

gée de statues. — Les *pinacles* sont plus légers, plus ornementés, plus élancés. Du reste, nous devons remarquer, aussi bien
pour les autres membres de l'architecture que pour les pinacles,
que les lignes verticales, à dater de cette époque, tendent à do-
miner.

Trèfles, quatre-feuilles, fleurons. — Les *trèfles* et les *quatre-
feuilles* sont formés de tores moins saillants et plus maigres. Ils
sont ornés, à leurs angles rentrants, de petites feuilles trilobées.
Souvent ils sont *inscrits*, les premiers dans des triangles recti-
lignes ou curvilignes, les seconds dans des cercles ou des quadri-

Fig. 7.

latères curvilignes (fig. 7). — Les *fleurons*, moins variés qu'au
siècle précédent, sont aussi d'une composition moins belle et surtout moins énergique : ils n'ont ordinairement qu'un ou deux
rangs de crochets superposés.

Arcatures. — Dès la fin du XIIIe siècle, les architectes avaient en-
levé aux *arcatures basses* l'aspect de soubassement qu'elles avaient
eu jusque alors, pour leur donner la forme de simple placage ; ils
ne les considéraient plus que comme la continuation des fenêtres.
Toutefois les frontons triangulaires qui surmontaient souvent leurs
ogives les isolaient encore un peu des fenêtres, et en faisaient un
membre et un ornement à part, ayant son cachet propre (fig. 8).
— (Ex. : chœur de la cathédrale de Séez.) — Au XIVe siècle, au
contraire, les arcatures se relient complétement aux fenêtres ; elles
adoptent leurs formes, se composent des mêmes moulures, ont les
mêmes divisions, de sorte qu'on peut les considérer comme des
portions de fenêtres qui ont été bouchées (fig. 9). — (Ex. : Saint-

Fig. 8. — Arcatures du chœur de la cathédrale de Séez.

Fig. 9. — Arcatures de Saint-Nazaire, à Carcassonne.

Nazaire de Carcassonne.) — Du reste, les collatéraux étant actuellement garnis de chapelles, les arcatures sont beaucoup moins employées.

FENÊTRES ET ROSES

I. La plus belle époque pour les fenêtres et les roses est sans contredit le XIVe siècle. Toutes les innovations que nous avons vues apparaître dans les dernières années du XIIIe siècle, et qui, pour ainsi dire, n'étaient qu'exceptionnelles, étant seulement adoptées pour les grands édifices par certains architectes éminents, deviennent, au XIVe siècle, d'un usage habituel et général.

Fig. 10.

Les fenêtres occupent tout l'espace compris entre les piles ; elles se subdivisent, au moyen de légers meneaux, en cinq, six ou sept parties : leur grande ogive se remplit d'ogives plus petites, dont le nombre varie de six à quatorze (fig. 10). Toutes ces ogives, à redents trilobés, sont réunies ensemble par des trèfles et des quatre-feuilles, ordinairement inscrits dans des triangles ou dans

Fig. 11. — Chapelle de la cathédrale de Mantes.

des quadrilatères curvilignes. Parfois même une rose occupe le sommet de la grande ogive (fig. 10). — Toutes ces formes rayonnantes, ainsi que celles des roses, ont valu au style ogival de cette seconde période le surnom de *style rayonnant*.

Si après cela nous réunissons ces belles fenêtres à la galerie du triforium, qui, comme nous l'avons vu, est à présent toujours à jour, nous n'avons plus, à la place des murs, pour clore l'édifice, qu'un immense fénestrage.

A l'extérieur, un gâble triangulaire, *découpé à jour*, garni de crochets très-épanouis, surmonté d'un fleuron, complète, en couronnant leur archivolte, l'ensemble de ces ouvertures déjà si imposantes.

Nous donnons (fig. 11)[1], comme modèle de ces jolies fenêtres, celles d'une chapelle construite contre le bas côté sud du chœur de la cathédrale de Mantes, vers le milieu du XIVe siècle.

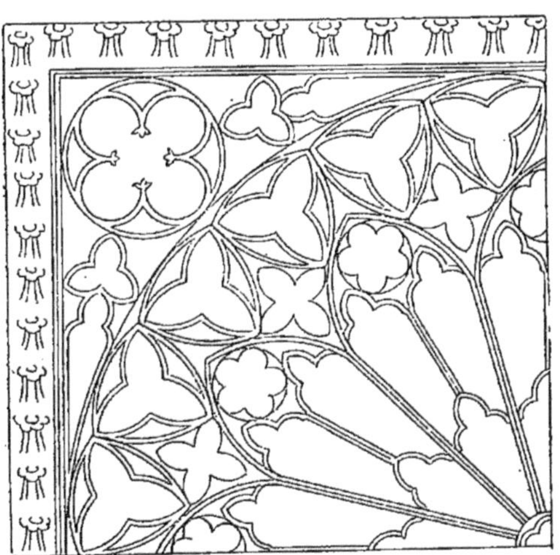

Fig. 12. — Rose de la cathédrale de Séez.

II. Les roses ne peuvent être plus magnifiques. Leur diamètre est aussi grand que possible, et leurs ramifications des plus variées. Les rayons, arrivés à mi-chemin, se dédoublent pour s'épa-

1 Cette belle figure est encore une de celles que nous devons à l'obligeance de M. Viollet-le-Duc.

nouir en compartiments plus nombreux : les trèfles et les quatre-feuilles qui remplissent les ogives sont de même de plus en plus multipliés (fig. 12). — Quelques grandes roses sont aussi formées d'un certain nombre de petites roses juxtaposées les unes aux autres.

De plus, à la fin du XIVᵉ siècle, les roses principales, comme les roses secondaires, sont inscrites très-souvent dans un triangle ou un polygone curviligne.

FAÇADES

Les façades diffèrent peu de celles du XIIIᵉ siècle. Les grandes lignes architecturales sont les mêmes : on retrouve la galerie, les larges fenêtres, les roses, les clochers si élancés d'autrefois. Les portes ont toujours leur trumeau, leur tympan, leurs pro-fondes voussures, tapissées de guirlandes de feuillage ou de petites statues. Seuls les *frontons* et les *tympans* éprouvent quelques changements. — Les frontons, qui jadis étaient presque une exception, existent maintenant toujours. De plus, au lieu d'être pleins comme précédemment, ils sont découpés à jour ; ils sont en outre plus aigus et garnis de crochets. Dans le tympan, des trèfles, des quatre-feuilles, de petites roses, remplacent les bas-reliefs, ou au moins les divisent en plusieurs compartiments.

Pour donner une idée encore plus juste et plus complète des portes du XIVᵉ siècle, nous ajouterons, avec M. Viollet-le-Duc : « La fin du XIIIᵉ et le XIVᵉ siècle nous fournissent des exemples de portes bien composées et d'une exécution excellente ; mais cependant ces ouvrages sont tous empreints d'une maigreur de style qui fait regretter les conceptions incomparables du commencement du XIIIᵉ siècle. Les détails d'ornement ne sont plus à l'échelle ; les figures sont petites et les sujets confus. Les formes géométriques l'emportent sur la statuaire, l'enveloppent et la réduisent à un rôle infime. Les profils se multiplient, et à force de rechercher la variété, les artistes tombent dans la monotonie. Cependant nous serions injustes si nous ne constations les qualités qui distinguent quelques-unes de ces compositions. » Entre autres qualités, il in-dique une conception très-gracieuse, une étude approfondie des modelés et une perfection prodigieuse dans l'exécution des détails.

Du reste, dans un autre endroit de son Dictionnaire, le savant architecte reconnaît que le portail des Libraires et celui de la Calende, à la cathédrale de Rouen, sont de vrais chefs-d'œuvre. — La fig. 13, que nous lui empruntons, peut donner une idée de ce beau portail. Jusqu'au niveau A de la corniche de la galerie, le gâble est plein; au-dessus, il est complétement ajouré, et laisse voir la claire-voie vitrée supportant la rose. En B est tracé le plan des ébrasements avec les contre-forts.

Les constructeurs du XIVᵉ siècle copient leurs *porches* des portes latérales sur ceux du XIIIᵉ siècle. Mais ils ne savent pas leur conserver la légèreté et surtout l'ampleur de composition de ceux-ci. Ils les surchargent de détails qui les rendent lourds et nuisent à l'effet d'ensemble.

COLONNES ET PILIERS

Les colonnes monolithes et isolées deviennent très-rares. De leur côté, les colonnettes en faisceau se détachent moins franchement qu'auparavant des piliers qu'elles contournent; elles s'amincissent et portent souvent sur leur face, dans toute leur hauteur, une arête saillante « qui est certainement le point de départ de leur transformation en nervure, comme le XVᵉ siècle nous les montrera. »

Bases. — Les bases, au lieu des belles et larges moulures de l'époque précédente, n'ont plus que des moulures maigres et sans relief accentué. La scotie, qui donnait tant de vigueur et de cachet à la base du XIIIᵉ siècle, disparaît : les deux tores sont superposés l'un sur l'autre sans moulure intermédiaire ; elles perdent aussi de la hauteur. En revanche, les socles sur lesquels reposent les bases des colonnettes prennent de l'importance et de la hauteur. Chaque colonnette a le sien propre, octogone ou prismatique. A la fin du siècle, tous ces socles descendent se pénétrer dans une plinthe haute et massive.

Chapiteaux. — Les crochets, qui étaient l'ornement caractéristique du chapiteau de la première période ogivale, sont remplacés sur celui de la seconde époque par une véritable corbeille de feuilles et de fleurs, qui le recouvre entièrement et ne laisse point voir sa forme. Mais ce ne sont plus les larges feuilles de l'ornemen-

Fig. 13. — Porte de la Calende à la cathédrale de Rouen.

tation d'autrefois, qui pourraient encore, par leur ampleur, donner au chapiteau cet aspect de support, qu'en réalité il doit toujours avoir; elles sont plus découpées et plus chiffonnées. D'un autre côté, il faut reconnaître qu'elles sont toujours parfaitement imitées et traitées avec une habileté et une délicatesse admirables (fig. 14). — On trouve sur un certain nombre de chapiteaux une autre combinaison qui, d'après M. de Caumont, serait « très-caractéristique du xive siècle. » La corbeille de fleurs se divise en deux parties, et présente ainsi comme *deux bouquets superposés*. — Les tailloirs sont hexagones et profilés de moulures très-fines.

Les chapiteaux des colonnettes se déforment encore plus que ceux des colonnes. Souvent même le fût est simplement entouré

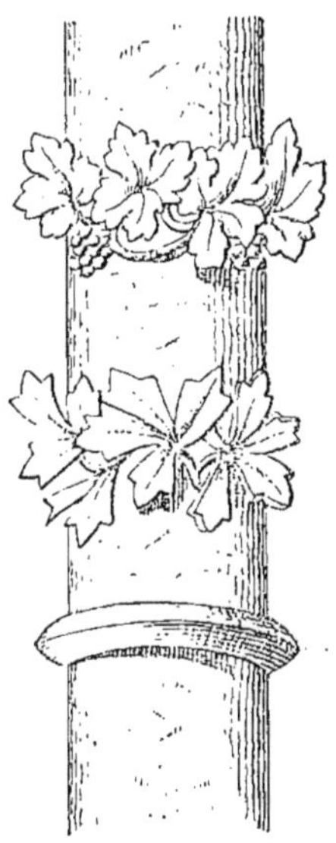

Fig. 15.

d'une bague, et recouvert, au-dessus, de guirlandes de feuillage très-légères (fig. 15).

VOUTES

« Les voûtes ayant atteint au milieu du xiiie siècle un degré de perfection absolu, conformément au modèle admis dès le milieu

Fig. 14. — Chapiteau de la cathédrale de Carcassonne.

du·XIIe siècle, » le système ne se modifie plus ; on trouve toujours l'arc-doubleau, les arcs ogives et les arcs formerets. Les nervures des arcs ogives, ainsi du reste que toutes les moulures de cette période, sont seulement plus maigres et plus évidées.

Le mode de construction n'ayant point changé pour les voûtes, les *clefs* sont de même taillées sur le principe suivi au XIIIe siècle : mais la sculpture en devient aussi plus plate et plus confuse. Les larges feuilles du siècle dernier, qui se distinguaient très-bien, même à la plus grande hauteur, sont remplacées par des feuillages de petite dimension, qui sont loin de produire un effet aussi satisfaisant. Il faut cependant reconnaître qu'examinées de près, elles sont d'une exécution qui ne laisse rien à désirer.

Les clefs à personnages sont désormais très-peu usitées.

CLOCHERS

Inutile de s'étendre longuement sur les clochers élevés pendant les XIVe et XVe siècles ; comme disposition générale, « ils se conforment aux beaux exemples laissés par les architectes de la fin du XIIIe, et n'en diffèrent que par les détails des moulures et de la sculpture, et par l'excès de la légèreté. » En effet, l'élégance et la finesse de leurs découpures, leurs proportions gigantesques, leurs merveilleuses combinaisons, confondent en même temps d'étonnement et d'admiration. — Nous avons seulement à noter deux modifications, que nous avons d'ailleurs déjà annoncées, modifications qui sont particulières au XIVe siècle. Les pans de la flèche sont percés de trèfles, de quatre-feuilles, de quinte-feuilles ; les arêtiers sont toujours armés de crochets. De plus, la tour, à la naissance de la flèche, est garnie d'une balustrade qui protége un chemin de ronde permettant d'en faire le tour. — (Ex. : cathédrale de Strasbourg, de Metz, de Saint-Pol de Léon, église de Saint-Pierre de Caen, etc.)

Observons en finissant que nous n'avons que très-peu de clochers entièrement construits pendant cette seconde période ogivale. On ne fait qu'achever ceux qui avaient été commencés au siècle précédent : encore ne les termina-t-on souvent qu'au siècle suivant. —

(Ex. : tour et flèche de la cathédrale de Strasbourg ; on en jeta les fondements en 1277, et ils ne furent achevés qu'en 1439.)

SCULPTURE ET STATUAIRE

Ce qui distingue la sculpture de cette période, aussi bien la sculpture d'ornements que la statuaire, c'est une sorte de *réalisme* qui porte à copier servilement les modèles choisis dans la nature. Or, disent les maîtres, « prenant la nature pour point de départ de l'interprétation, on arrive toujours par une pente irrésistible à l'imitation ; puis, quand l'imitation fatigue, on veut faire mieux que le modèle, on l'exagère, on tombe dans l'affectation, dans la manière, et souvent dans le laid. » Nous ne voulons pas dire que le XIVe siècle en soit arrivé à ces dernières conséquences. Cependant, dès les premières années du siècle, le modelé et les profils commencent déjà à être forcés, les feuillages sont surchargés, les effets d'ensemble sont sacrifiés à des détails insignifiants et manquant de simplicité. Tout, en un mot, fait présager une prompte décadence.

La statuaire, de son côté, si elle est plus délicatement travaillée, est-en retour plus maniérée. Les figures n'ont plus cette naïveté si séduisante, cette beauté idéale d'autrefois : elles se naturalisent, pour ainsi parler, et tendent à devenir de simples portraits, des types plus ou moins communs, que l'on rencontre à chaque instant autour de soi. — Les draperies sont aussi quelquefois un peu tourmentées et jetées avec une certaine afféterie.

PEINTURE MURALE

Au XIVe siècle, le dessin l'emporte sur le coloris. Il semble que le peintre ait craint d'en diminuer la valeur par des tons trop brillants. Les couleurs qui dominent sont le gris, le gris-vert, le vert clair et le rose clair ; le bleu est toujours modifié par des teintes plus légères et plus transparentes, et, s'il est employé pur, il est tenu très-clair ; l'or devient rare ; les fonds sont noirs ou brun-rouge. Les draperies sont parfois polychromes, blanches, par

exemple, avec des bandes transversales rouges, brodées de noir
ou d'or. En somme, l'aspect général est froid. Cependant, dans la
seconde moitié du siècle, les fonds se chargent de couleurs variées qui les rendent semblables à de la mosaïque. Le noir disparaît de ces fonds et est remplacé par l'or. Les draperies et les
chairs restent claires ; les accessoires ont des tons légers parsemés
d'ornements d'or. Ces changements rendent l'aspect général plus
doux et plus brillant.

Vers le milieu du siècle aussi, le dessin, de simple et de délicat
qu'il était auparavant, devient maniéré ; les beaux types du
XIIIᵉ siècle se perdent peu à peu, et sont remplacés par des figures
d'après nature, copiées d'ailleurs avec beaucoup d'habileté, mais
respirant déjà le *réalisme*.

MONUMENTS

Cathédrale de Narbonne (presque en entier).
Cathédrale de Béziers (en grande partie).
Cathédrale de Clermont (en partie).
Cathédrale de Rodez (presque tout entière).
Cathédrale de Quimper (en entier).
Cathédrale de Carcassonne (en grande partie).
Cathédrale de Troyes (quelques parties).
Cathédrale de Limoges (en partie).
Cathédrale de Viviers (abside).
Église Saint-Nazaire, de Carcassonne (ancienne cathédrale),
    (presque tout entière).
Église Saint-Ouen, à Rouen (tout entière).
Église de Saint-Gilles (Aube).
Église de Mirepoix (Ariège).
Église Saint-Jacques, à Compiègne (quelques parties).

CHAPITRE IX

ARCHITECTURE OGIVALE TERTIAIRE

OU

STYLE FLAMBOYANT

(xv° siècle et 1re moitié du xvi°.)

Nous arrivons à cette période de décadence où l'art fatigué se
raffine, se subtilise, se surcharge d'ornements, s'épuise en combinaisons qui étonnent l'imagination plus qu'elles ne satisfont le
goût. Plus de parties nettement déterminées ; plus de grandes
lignes franchement accentuées ; surtout, plus de lignes horizontales. « Tout membre d'architecture qui se produit à la base de
l'édifice pénètre à travers tous les obstacles, montant verticalement jusqu'au sommet, sans interruption. Ces piles, ces moulures, qui affectent des formes prismatiques, curvilignes, concaves
avec arêtes saillantes, et se pénètrent en reparaissant toujours,
fatiguent l'œil, préoccupent plus qu'elles ne charment, forcent
l'esprit à un travail perpétuel qui ne laisse pas de place à cette
admiration calme que doit causer toute œuvre d'art. » Les architectes paraissent dédaigner les effets d'ensemble pour ne plus s'occuper que des choses de détail. C'est le trait caractéristique de
cette période. Le domaine de la sculpture s'agrandit sans cesse

aux dépens de celui de l'architecture. Et encore, « en imitant la flore, la sculpture pousse cette imitation à l'excès ; elle exagère le modelé ; les feuillages, les fleurs, ne tiennent plus à la construction : il semble que les artistes aient pris à tâche de faire croire à des superpositions pétrifiées. Il en résulte une sorte de fouillis qui peut paraître surprenant, qui peut étonner par la difficulté de l'exécution, mais qui distrait et fait perdre de vue l'ensemble des édifices. »

A cause des lignes verticales qu'il a presque exclusivement employées, le style *ogival tertiaire* a été parfois appelé style *perpendiculaire*. On lui a aussi donné, et même plus fréquemment, le surnom de style *flamboyant*, à cause des dessins en forme de *flammes* qui, comme nous le verrons tout à l'heure, ont été adoptés pour toute son ornementation.

Disons encore, avant d'entrer dans nos détails habituels, que quelques auteurs subdivisent cette période en deux époques : la première, de 1400 à 1480; la seconde, de 1480 à 1550. Alors, cette dernière prend le nom de *gothique fleuri*. Mais parce qu'il n'existe que peu de différence entre ces deux époques, nous nous contenterons seulement de constater cette subdivision.

PLAN

Le plan des églises est absolument le même qu'au XIVᵉ siècle. On ne saurait tout au plus signaler qu'une forte tendance à s'écarter de la belle régularité des époques passées. On bâtit, par exemple, des chapelles hors de proportions, qui détruisent toute l'harmonie de l'ensemble. La plupart du temps, aussi, l'élévation des voûtes est moins considérable. — Néanmoins on retrouve partout le clérestory et le triforium, celui-ci toujours à jour. La nef de l'église de Saint-Ouen, à Rouen (fig. 1), nous en fournit un exemple.

CONTRE-FORTS ET ARCS-BOUTANTS

I. Les architectes surchargent tellement les contre-forts de détails secondaires, qu'ils leur enlèvent leur caractère de piliers

Fig. 1. — Travée de Saint-Ouen, à Rouen.

de renfort. Leurs faces sont couvertes des plus étranges compli-
cations de courbes et de carrés se pénétrant mutuellement, de niches, d'arcatures aveugles, de panneaux, de pinacles en application ; tout cela, il est vrai, « tracé et taillé avec une science et une perfection extraordinaires, mais ne présentant aux yeux, après tant d'efforts et de difficultés d'exécution, que confusion (fig. 2).»

De plus, à la fin du siècle, leur forme elle-même est modifiée. Jusqu'alors leur section horizontale avait toujours été rectangulaire : à présent elle est triangulaire, ainsi que l'indique le plan par terre A, B B

Fig. 2.

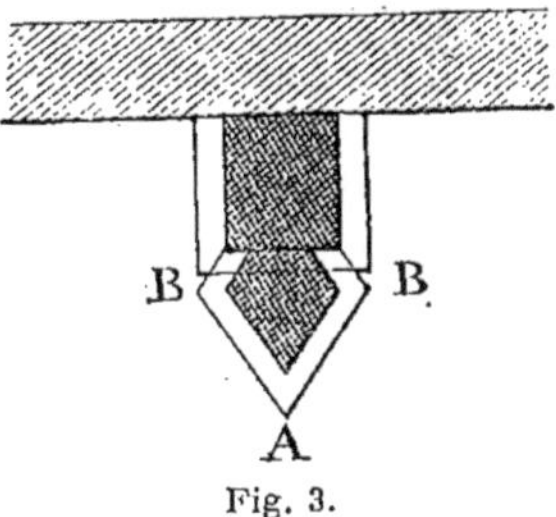

Fig. 3.

(fig. 3). De cette façon, la rigidité des angles disparaît. Mais souvent aussi les sections quadrangulaires d'autrefois sont mélangées avec les sections nouvelles à pans coupés, c'est-à-dire que le contrefort, d'abord carré, monte après suivant une section triangulaire, pour reprendre ensuite une section quadrangulaire (fig. 2). — (Ex. : cathédrale d'Évreux, façade de la cathédrale de Séez.)

II. Les architectes semblent oublier la raison d'être des arcs-boutants et leur condition première de résistance et de stabilité.

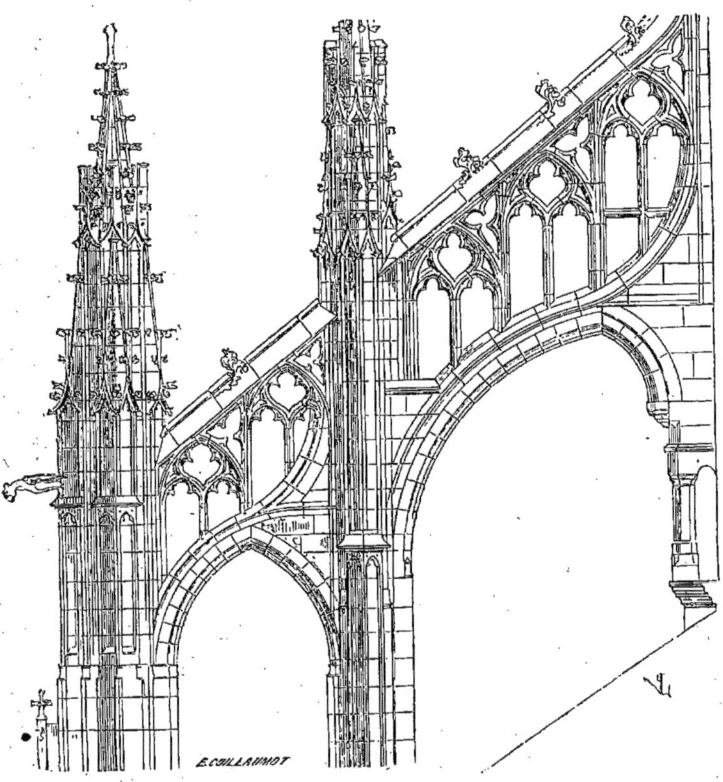

Fig. 4. — Contre-fort et arc-boutant de l'église Saint-Wulfrand, à Abbeville.

Au lieu de les former d'un simple arc de cercle allant franchement contre-buter les voûtes, ils les composent de courbes composées, qui, lors même qu'elles ne feraient que leur donner un aspect en complet désaccord avec leur vraie fonction, seraient encore défectueuses. — Nous en trouvons un exemple à l'église Saint-Wulfrand, d'Abbeville (fig. 4). — Ils les surchargent aussi d'ornements et de moulures, ainsi que l'aqueduc qui repose sur leur extrados. La rampe de cet aqueduc est souvent garnie de choux frisés. — (Ex. : églises Notre-Dame d'Alençon, et Saint-Wulfrand d'Abbeville.)

BALUSTRADES

A la place des trèfles et des quatre-feuilles du siècle précédent, on emploie maintenant pour les balustrades les dessins en forme de *flammes*, que nous indiquions en commençant comme devant

Fig. 5.

constituer l'ornementation de toute cette époque (fig. 5). On y voit parfois aussi des armoiries, des attributs sculptés, des lettres et des chiffres ornementés. — (Ex. : cathédrale de Troyes, dont les balustrades sont ornées des clefs de Saint-Pierre et de fleurs de lis ; pignon de la Sainte-Chapelle, dont la balustrade porte des grandes fleurs de lis, inscrites dans des cercles.) — En outre, les moulures qui les forment ne sont plus des tores cylindriques, mais des ner-vures prismatiques.

ARCS ET ARCADES

L'ogive est toujours la forme des grandes arcades ; mais à l'ogive proprement dite il vient s'ajouter, pour les petites arcades, six autres espèces d'arcs : *l'arc en accolade*, décrit de plusieurs centres différents, et alternativement convexe et concave (fig. 6) ; presque toujours employé avec l'arc en anse de panier ou avec l'arc déprimé, qu'il surmonte, il sert de couronnement aux portes, aux fenêtres, aux arcatures : l'*arc en anse de panier* ou *arc surbaissé*, formé d'une demi-ellipse coupée horizontalement suivant son grand

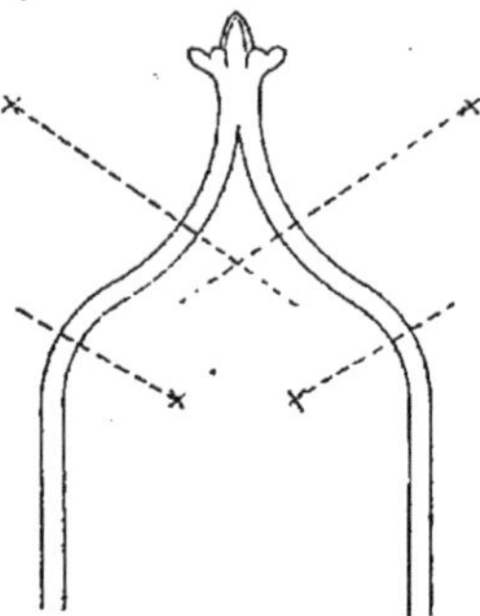

Fig. 6.

axe (fig. 7); l'*arc tudor*, sorte d'ogive très-aplatie, ainsi appelé de son usage très-fréquent en Angleterre sous le règne des Tudor

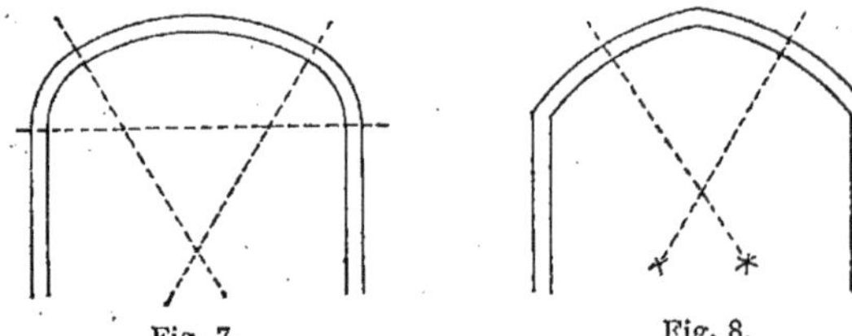

Fig. 7.   Fig. 8.

(Henri VII et Henri VIII) (fig. 8); l'*arc infléchi*, ou à *contre-cour-bure*, formé de deux portions de circonférence, tangentes à leur

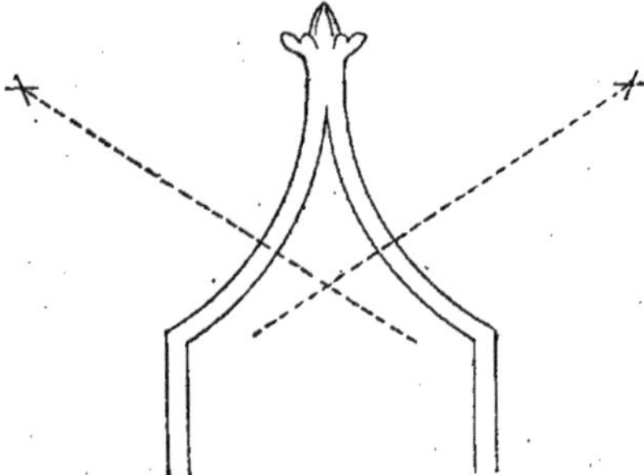

Fig. 9.

sommet (fig. 9); enfin l'*arc déprimé*, qu'il ne faut pas confondre avec l'arc surbaissé ou en anse de panier, formé d'une plate-bande

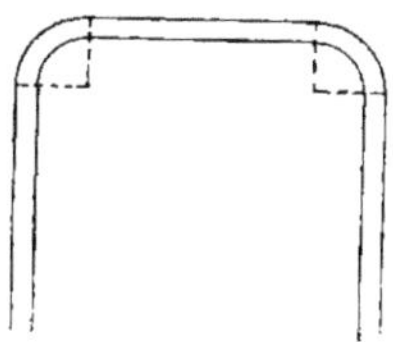

Fig. 10.

et de deux congés, qui raccordent la plate-bande et les pieds-droits d'une baie (fig. 10).

ORNEMENTS

Ce sont à peu près les mêmes ornements qu'aux deux époques précédentes ; seulement ils ne sont pas traités de la même façon.

Ornementation végétale. — L'ornementation végétale est luxuriante à l'excès et prodiguée, pour ainsi dire, à tort et à travers ; elle est surtout beaucoup plus découpée, plus tourmentée : les feuillages en faveur sont les feuillages les plus déchiquetés, comme ceux du *houx,* du *chardon,* du *persil,* des *chicorées,* des *algues marines ;* les plus contournés, comme ceux du *choux frisé :* malgré cela, elle n'en est pas moins d'une finesse d'exécution irréprochable. — Les artistes forment avec toutes ces feuilles de belles guirlandes, que quelquefois même ils enlacent de rubans et mêlent d'animaux fantastiques : ils en décorent les montants des portes et des fenêtres, les corniches des combles, etc.

Moulures. — Les *moulures* sont pour le moins aussi caractéris-

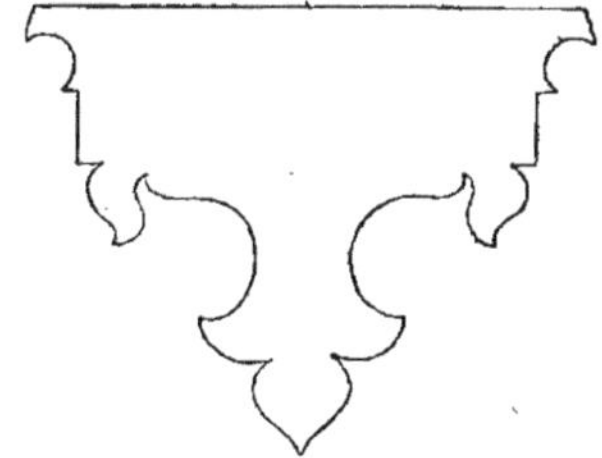

Fig. 11.

tiques que l'ornementation végétale. Les tores cylindriques, complétement abandonnés, sont remplacés par des *nervures anguleuses* et *prismatiques* (fig. 11), ce qui donne à tous les ornements un air de maigreur et de sécheresse de trait que n'offrent pas ceux du XIIIᵉ et du XIVᵉ siècle.

Crochets et festons. — Les *crochets* s'épanouissent de plus en plus et affectent surtout la forme de choux frisés (fig. 12). Contrairement à l'usage du XIVᵉ siècle, les crochets qui ornent les

Fig. 12.　　　　　Fig. 13.

rampants sont éloignés les uns des autres, mais reliés ensemble par de petites guirlandes de feuilles et de fleurs. — Les *festons* ne sont autre chose que des redents très-découpés (fig. 13), supendus à l'intrados de la plupart des arcs et aux voussures des portes et des fenêtres, surtout dans la seconde moitié du XVᵉ siècle et pendant le XVIᵉ. « Cet ornement, dit M. de Caumont, est un ornement caractéristique des derniers temps de la période ogivale ; il appartient plutôt à la fin du XVᵉ siècle qu'à sa première moitié. » —

Fig. 14.

Parfois même on les relève (fig. 14) et on les place comme une sorte de dentelle au-dessus de la corniche des murs.

Dais et pinacles. — Tout en acceptant pour les *dais* les formes précédentes, l'architecture de cette époque les exagère en les re-

Fig. 16. — Dais de l'église Saint-Martin,
à Argentan.

fouillant à l'excès et en les couvrant de détails sans nombre. De plus, ils sont la plupart du temps surmontés de riches pyramides à jour, qui ajoutent encore à leur élégance (fig. 15). — (Ex. : portail de la cathédrale de Tours, églises Saint-Michel, à Dijon, Saint-Martin, Saint-Germain, à Argentan, dans l'Orne.) — Les constructeurs multiplient aussi, comme éléments décoratifs, sur les contre-forts, et généralement sur toutes les parties saillantes, des *pinacles* en application, dont les arêtiers reposent sur des animaux en encorbellement et sont garnis de crochets très-épanouis : mais ils ne savent plus les relier, avec l'habileté de leurs devanciers, aux parties qu'ils ornementent.

Trèfles, quatre-feuilles, fleurons. — Les trèfles, les quatre-feuilles et les fleurons sont toujours employés. Les *quatre-feuilles* ont assez souvent plus de hauteur que de largeur, les deux feuilles verticales étant un peu plus longues que les deux feuilles horizontales. Leurs angles rentrants perdent ordinairement la pointe mousse ou trilobée du XIV⁰ siècle pour se terminer par une arête aiguë. — Les *fleurons* sont habituellement dépouillés de feuillages ; ils n'ont plus que quelques crochets d'une extrême simplicité.

Arcatures. — A part les détails de l'ornementation, qui suit le goût de l'époque, les *arcatures* rappellent encore, pendant le commencement du XV⁰ siècle, celles du XIV⁰. — Mais à dater du milieu du XV⁰, elles disparaissent tout à coup, ou plutôt elles se transforment en d'autres arcatures plus petites, d'un genre tout nouveau, qui peuvent être assez bien comparées à des boiseries de revêtement. Elles se composent de petites arcades trilobées, superposées les unes aux autres et séparées par des lignes horizontales. « Ces sculptures symétriques, dit M. de Caumont, qui divisent les murailles en compartiments égaux, et qui en cachent la nudité, présentent de l'analogie avec les panneaux des boiseries, et c'est en raison de cette ressemblance qu'elles ont reçu le nom de *panneaux*, par lequel on est convenu de les désigner. » Mais M. Viollet-le-Duc, avec plusieurs autres, prétendent que ces arcatures, appelées *panneaux*, n'étaient pas seulement une imitation de boiseries, mais bien de véritables panneaux de bois. — On substitua aussi, d'après ces derniers auteurs, aux bancs en pierre, toujours froids et humides, sur lesquels descendaient auparavant s'appuyer les arcatures, des sièges en bois qui avaient l'avantage d'être secs et moins froids.

FENÊTRES ET ROSES

1. Les fenêtres ont les mêmes dispositions et les mêmes proportions qu'au siècle précédent. Les divisions, jusqu'à la naissance
de l'ogive, sont aussi les mêmes. Seulement les meneaux ne sont
plus des colonnettes, mais des sortes de montants couverts de
moulures prismatiques. N'ayant point de chapiteaux, ils continuent à monter dans la grande ogive, suivant des courbes et des

Fig. 16.

contre-courbes qui, par leurs formes ondulées, ressemblent assez
à des *flammes* (fig. 16). Ce qui, ainsi que nous l'avons déjà dit,
a fait donner au style du XVᵉ siècle le nom de *style flamboyant*. —
A l'extérieur elles sont surmontées d'un fronton très-aigu, dont

les rampants suivent fréquemment une courbure légèrement concave, et dont le tympan est entièrement découpé à jour.

II. Les roses, toujours très-larges, n'ont plus ni colonnettes,
ni ogives, ni trèfles, ni quatre-feuilles. Tous ces ornements sont
remplacés par les meneaux si capricieusement courbés que nous
indiquions tout à l'heure pour les fenêtres, rappelant la forme de
flammes et de *cœurs* plus ou moins contournés (fig. 17).

Fig. 17.

FAÇADES

Les données générales admises pour les grandes portes des
églises du XVe siècle ne sont pas changées, et ce n'est que par les
détails qu'elles diffèrent de celles du XIVe siècle. Toutefois, on ne
trouve plus dans l'ensemble des façades cette unité imposante,
cette grandeur sévère, qui est un des caractères les plus remarquables de l'architecture ogivale. « Cela tient à cet assemblage
confus de lignes rompues, à cette profusion d'ornements qui couvrent toutes les surfaces..., à cet emploi systématique de la ligne
verticale, qui est en contradiction avec la construction. »

Fig. 18. — Porte centrale du portail de la cathédrale de Tours.

Voici les principales modifications apportées dans les détails. Les frontons qui surmontent les portes prennent plus d'importance que jamais. Ils sont démesurément aigus et de plus en plus découpés. Leurs rampants, ordinairement droits, se garnissent de guirlandes de feuillages et de crochets très-épanouis. Quelques rampants, cependant, suivent la courbure d'un arc en accolade, et leur sommet, relevé en forme de pédicule, peut recevoir une statue. Les moulures des pieds-droits et des voussures se multiplient. La dernière voussure se pare de festons ou de redents bien accentués, qui simulent une dentelle très-ajourée. Les tympans sont eux-mêmes fréquemment découpés à jour, ou encore disparaissent complétement pour faire place à des claires-voies vitrées. Ils sont parfois ornés de scènes sculptées, non plus seulement en bas-reliefs, mais tout à fait détachées du mur et abritées par un vaste dais. Enfin les linteaux se courbent en arc surbaissé. — (Les cathédrales de Tours, de Beauvais, de Sens, de Senlis, de Strasbourg, nous fournissent des exemples de ces différentes combinaisons. Nous nous contentons de donner, figure 18, la porte centrale de la cathédrale de Tours [1].)

« Les porches ou vestibules, au lieu d'offrir une forme rectangulaire, affectent assez souvent la forme d'un triangle. » Ces porches sont sculptés du haut en bas, et leur partie supérieure surtout est tellement ornée et ajourée, qu'on y chercherait en vain le plus petit espace uni. — (Ex. : Notre-Dame d'Alençon, Saint-Maclou, à Rouen). — Nous devons encore citer le porche de Sainte-Cécile d'Albi, comme une des meilleures compositions des dernières écoles ogivales (fig. 19). Il a conservé là forme rectangulaire des temps passés.

COLONNES

Les colonnes et les colonnettes isolées ou en faisceau n'existent plus. Elles sont remplacées par des *nervures* prismatiques nombreuses, à profils maigres et secs (fig. 20), qui montent sans interruption jusqu'au sommet des voûtes, et ne font qu'un avec

---

[1] Cette belle figure et la suivante sont encore empruntées au *Dictionnaire* de M. Viollet-le-Duc.

Fig. 19. — Porche de la cathédrale d'Albi.

leurs arceaux; aucun chapiteau ne vient interrompre ces lignes verticales. C'est là un des traits les plus caractéristiques du style ogival tertiaire. Souvent aussi, cependant, les architectes reprennent l'ancienne colonne monocylindre, dans laquelle les différentes nervures des voûtes descendent pénétrer.

Bases. — Chaque nervure a sa base particulière. Grêles et prismatiques, elles sont presque toutes d'une composition mal entendue. Les deux tores d'autrefois n'en font plus qu'un, et ce tore lui-même n'est plus séparé de la plinthe que par une coupe vive

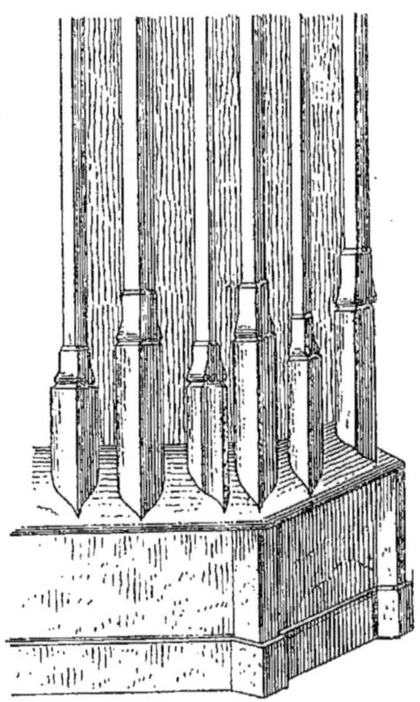

Fig. 20.

à angle droit (fig. 20). Toutes ces bases partielles viennent de plus pénétrer le socle du pilier autour duquel les nervures sont groupées. Parfois aussi les architectes imaginent de faire *ressauter* les bases, c'est-à-dire de ne conserver ni les tores ni les plinthes au même niveau.

Chapiteaux. — Maintenant que toute ligne horizontale, toute sculpture même qui arrête les regards et les empêche de suivre sans interruption les lignes verticales, sont impitoyablement bannies, les chapiteaux doivent nécessairement disparaître. Si, par exception, il en existe encore quelques-uns, ils sont bas et ornés de feuillages très-déchiquetés, tels que chardons, ronces, etc. Ce ne sont plus en réalité que de simples *bagues*.

VOUTES

Les voûtes du XV° siècle subissent quelques légères modifications, d'abord dans les nervures de leurs arcs, qui deviennent, ainsi que toutes les autres, prismatiques et plus saillantes. En outre, les arcs ogives, au lieu de partager seuls, en quatre voûtains, les voûtes partielles comprises entre les arcs-doubleaux, sont souvent, dans la seconde moitié du XV° siècle et plus tard, accompagnés d'autres arcs, appelés *tiercerons,* qui subdivisent encore ces voûtains. Comme ces *tiercerons* ne vont pas aboutir à la

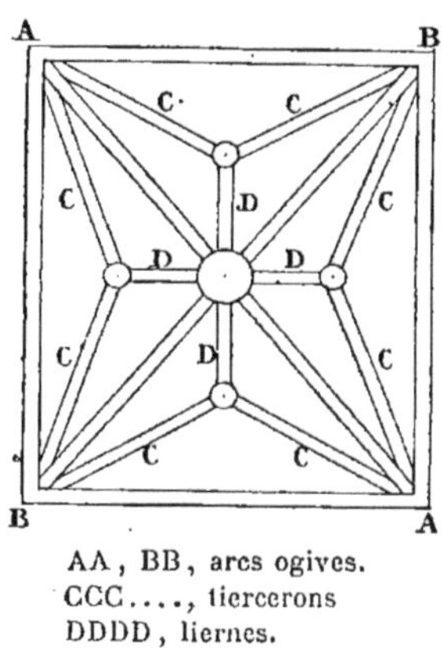

AA, BB, arcs ogives.
CCC...., tiercerons
DDDD, liernes.

Fig. 21.

clef principale, ils y sont reliés par une nervure appelée *lierne* (fig. 21). Les points de réunion des tiercerons et des liernes sont eux-mêmes ornés de petites clefs.

Pour les *clefs,* le XV° siècle apporte dans leur sculpture l'exagération qu'il met en toute chose. Elles sont plus grandes que jamais ; et même, dans les dernières années du XV° siècle, elles s'allongent démesurément et deviennent *pendantes* (fig. 22). « On ne se con-

tenta plus d'un morceau de pierre, et l'on alla jusqu'à composer
les clefs pendantes de pièces de rapport attachées à la clef véritable par des boulons de fer... Ce sont là de ces fantaisies de
pierre plus surprenantes que belles, qui fatiguent et préoccupent
plutôt qu'elles ne satisfont les yeux. La raison et le goût se choquent

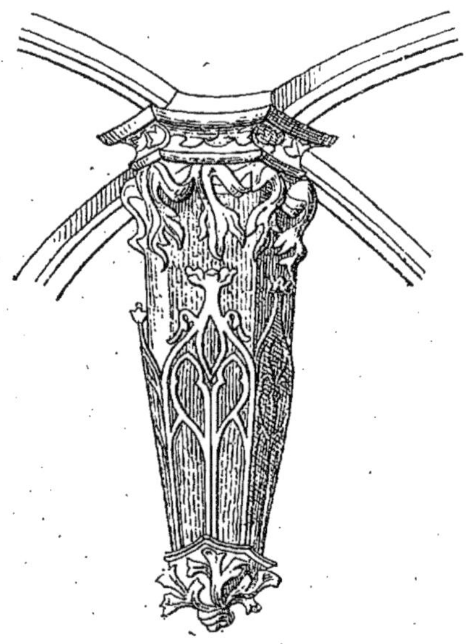

Fig. 22.

de ces raffinements, dont on ne comprend pas le motif et qui détruisent l'unité des intérieurs. »

CLOCHERS

Comme nous l'annoncions au chapitre précédent, aucune modi-
fication importante ne s'est introduite dans la construction des
clochers de cette période. Généralement ils sont moins élevés. En
revanche, certaines flèches sont ajourées comme de véritables den-
telles. — (Ex. : flèches des cathédrales de Strasbourg, de Chartres,
des églises de Caudebec, de Thann, etc.) — Elles sont assez fréquemment percées de lucarnes à frontons. Au commencement du
XVIᵉ siècle, les clochetons qui les entourent sont souvent reliés

avec elles par de petits arcs-boutants d'une extrême légèreté, garnis de crochets et de festons. — On construit aussi des tours octogones, au moins dans leur partie supérieure, que l'on ajoure et que l'on cisèle avec la même richesse que les flèches : elles sont terminées par une plate-forme ou par une toiture très-peu élevée. — (Ex. : tour de Beurre de la cathédrale de Rouen, tours de Saint-Germain-l'Auxerrois, à Paris, de l'église de la Madeleine, à Verneuil, etc.)

Fig. 23.

Il est encore un autre type assez commun pour les églises de moindre importance, bâties dans la première moitié du XVIe siècle. C'est une sorte de tour carrée, en charpente, lourde et peu élevée, recouverte de plomb, ou plus habituellement d'ardoises, et placée sur l'extrémité du pignon, exhaussé, de la façade. Les faces de cette tour en charpente sont percées de fenêtres carrées, pendant que leur toit, aussi à quatre pans et en ardoises, porte une lucarne sur chacun de ces pans ; mais ce toit, au lieu de finir en pointe, se termine en arête garnie d'une crête en plomb découpée à jour, ayant à ses extrémités deux épis.

Enfin, on rencontre des *clochers - arcades*. Ces sortes de clochers se composent simplement d'un ou de deux rangs d'arcades, assises sur le pignon occidental de l'église, et dans chacune desquelles on suspend une clochette (fig. 23).

SCULPTURE ET STATUAIRE

Ainsi que nous le prédisions au chapitre précédent, la sculpture, suivant toujours la pente sur laquelle elle s'était engagée, arrive, au XVᵉ siècle, à la décadence. De l'imitation servile des modèles, elle tombe dans l'exagération et dans l'affectation. Le style grandiose et sévère du XIIIᵉ siècle, qui se manifestait encore parfois dans les œuvres d'art du XIVᵉ, est maintenant totalement oublié; il est remplacé par un style mesquin et affadi.

La statuaire, pas plus que la sculpture d'ornement, n'échappe à la décadence générale. Il faut toutefois ajouter, pour être juste, qu'au milieu de beaucoup de statues, dont l'exécution est maigre et sèche, la pose et les vêtements pleins de prétention, il s'en trouve d'autres d'une vérité d'attitude parfaite, d'une expression de figure saisissante, qui les rendent capables de rivaliser avec celles des meilleurs temps.

PEINTURE MURALE

Pour la peinture comme pour la statuaire et la sculpture d'ornement, de l'imitation on passe à l'exagération, à ce point même que le difforme s'y introduit parfois. Les peintres poussent à l'excès la minutie dans l'exécution, et la recherche dans les détails et dans les accessoires. — Il faut cependant avouer que leur habileté de main est extrême et leurs procédés excellents. La perspective, que jusqué-là ils avaient ignorée, semble vouloir apparaître dans quelques-unes de leurs œuvres. Les couleurs, qui précédemment avaient été très-divisées, sont, dès le début du XVᵉ siècle, employées par larges plaques : elles sont toutes bien soutenues, intenses et chaudes de ton. L'or s'y mêle un peu partout, dans les cheveux et dans les détails des accessoires, aussi bien que dans les vêtements. Du reste, l'accessoire le plus insignifiant est peint avec autant de soin et est aussi éclairé que le personnage principal. Les étoffes sont rendues avec adresse, et les nus très-délicatement modelés. Nous ajouterons, avec M. de Caumont,

« qu'au XVe siècle les figures tiennent souvent des *landeroles* ou *phylactères* portant des inscriptions explicatives des scènes peintes, et, sous ce rapport, elles offrent un double intérêt pour celui qui les observe. »

MONUMENTS

Cathédrale d'Albi (en grande partie).

Cathédrale de Moulins.

Cathédrale d'Auch (en partie).

Cathédrale d'Aix.

Cathédrale de Rouen (tour de Beurre).

Église Saint-Maclou, à Rouen (nef et portail).

Église de Notre-Dame-de-l'Épine (Marne) (presque tout entière).

Église de Notre-Dame d'Alençon (nef et portail).

Église de Notre-Dame du Kreisker, à Saint-Pol-de-Léon (tout entière).

Église de Saint-Germain-l'Auxerrois, à Paris (tour).

Église de la Madeleine, à Verneuil (tour).

Église de Saint-Riquier (Somme).

Église de Thann (Haut-Rhin).

CHAPITRE X

ARCHITECTURE DE LA RENAISSANCE

(xvi° siècle, 2° moitié.)

C'est en Italie qu'il faut aller chercher les causes de ce nouveau
genre d'architecture. Depuis plus d'un siècle, en effet, l'Italie
voyait ses littérateurs, ses poëtes, ses artistes, ses peintres, ses
sculpteurs, se livrer avec passion à l'étude de l'antiquité. Les
architectes, loin de rester en arrière, se laissèrent aller au courant
général, et tournèrent toute leur admiration vers les monuments
païens de l'ancienne Rome et d'Athènes. Et de cette admiration
et de toutes ces études actives et persévérantes des artistes aussi
bien que des littérateurs, sortirent ces chefs-d'œuvre qui firent
renaître les plus beaux temps des lettres et des arts antiques. Qui
n'a entendu placer à côté d'Homère, de Virgile, d'Horace, d'A-
pelle, de Phidias, de Praxitèle, de Vitruve, les noms de Dante,
de Pétrarque, de Boccace, d'Alberti, de Brunelleschi, de Bramante,
de Léonard de Vinci, de Michel-Ange, de Raphaël.

Or, à la fin du xvᵉ siècle et au commencement du xvi°, c'est-à-dire
vers le moment le plus glorieux de cette *renaissance* italienne, trois de
nos rois, Charles VIII, Louis XII et François Iᵉʳ descendaient successivement en Italie, avec toute leur noblesse, pour soutenir par
les armes leurs prétentions et leurs droits. A la vue des immenses
et remarquables travaux qui s'accomplissaient par toute la pénin-

sule, ils s'éprirent à leur tour des beautés de l'antiquité, et ne pensèrent à rien moins qu'à gratifier leur pays de ce qui, à l'étranger, excitait à ce point leur admiration. Leurs vieilles cités et leurs sombres manoirs féodaux, pour ne parler que de ce qui concerne l'architecture, leur parurent désormais froids et tristes, sans richesses et sans art, et tous, rois et seigneurs, voulurent, à leur rentrée en France, habiter des demeures qui leur rappelassent le luxe et la magnificence dont ils avaient joui pendant leur expédition. Aussi, l'activité prodigieuse qu'avait développée l'Italie pendant le XVe siècle éclata tout à coup chez nous au XVIe, avec non moins d'enthousiasme. Notre sol se couvrit comme par enchantement de palais et de châteaux, construits dans le nouveau goût [1]; les artistes italiens, appelés en France, y furent comblés de faveurs et de richesses, entourés d'honneurs; tous les esprits se tournèrent à l'envi vers les formes nouvelles, ne sachant comment témoigner assez haut leur admiration; c'était, en un mot, comme un entraînement auquel on ne pouvait se soustraire, comme une *renaissance* générale..

De là, ce nom de style de la *Renaissance*, donné à l'architecture de cette époque.

Mais une observation est ici nécessaire à propos de la classification que nous avons adoptée au début, et qui place le commencement de l'architecture de la *Renaissance* au milieu du XVIe siècle. Il faut, en effet, remarquer que l'architecture religieuse (dont nous nous occupons exclusivement dans ce cours élémentaire) ne se laissa pas facilement aller à l'entraînement général. Elle y résista même le plus qu'elle put, en tâchant d'élever des monuments dignes de rivaliser avec Saint-Pierre de Rome, avec Sainte-Marie-des-Fleurs de Florence et avec tous les édifices italiens. D'ailleurs, ayant porté au plus haut degré la magnificence et la perfection, ayant, d'un autre côté, multiplié de toutes parts les cathédrales et les églises, elle n'avait pas les mêmes raisons que

---

1 C'est à cette époque que furent bâtis le palais du Louvre et celui des Tuileries, les châteaux de Gaillon, près Rouen, de Blois, de Nantouillet, de Chenonceaux, de Chambord, de Saint-Germain-en-Laye, d'Anet, l'hôtel Bourgtheroulde, à Rouen, etc.

l'architecture civile et domestique pour changer sa manière de construire. Voilà pourquoi l'influence des idées nouvelles ne se fit sentir sur elle que tardivement, et encore d'une manière moins absolue.

Bien que les caractères du style de la Renaissance ne soient pas si nettement déterminés que ceux du style du moyen âge, nous allons essayer, en suivant toujours notre même méthode, d'indiquer les principaux. Mais il faut d'abord constater que c'est au *mélange de tous les styles*, qu'on peut avant tout et plus facilement reconnaître les constructions de cette période.

PLAN

Malgré le besoin d'innovation qui se manifeste de toutes parts, les architectes, ne pouvant trouver mieux, s'en tiennent toujours à l'ancien plan des églises ogivales. Quelquefois cependant, au lieu de la croix latine, ils donnent à leurs édifices la figure d'une croix grecque.

M. de Caumont signale encore un autre plan particulier aux églises appartenant à certains ordres mendiants (cordeliers, capucins, carmes, jacobins ou dominicains). Leurs églises n'auraient eu qu'un bas côté, accolé à la nef principale, ou bien l'église aurait été divisée en deux nefs à peu près égales. « J'ai visité, continué-t-il, plus de cinquante églises ayant appartenu à ces ordres, et qui affectent ce plan au XVIe siècle ; mais on le rencontre dans le XIVe siècle et dès la fin du XIIIe ». — (Ex. : église des Jacobins, à Toulouse.)

CONTRE-FORTS

Les architectes reviennent, pour les contre-forts, aux *ordres grecs et romains* qu'ils superposent les uns au-dessus des autres. Ce système, loin d'apporter avec lui quelque perfectionnement, offre plusieurs inconvénients et pour la solidité et pour l'élégance des constructions. Mais qu'à cela ne tienne : « l'affaire importante, pour les architectes du XVIe siècle, c'était de chercher des prétextes pour placer des colonnes n'importe où, ni comment. » Aussi les contre-forts n'ont-ils plus cette belle apparence de stabilité qu'ils avaient auparavant. Ils diminuent peu à peu, en attendant qu'aux siècles suivants ils disparaissent tout à fait. En outre, on les couvre souvent, ainsi que les arcs-boutants, des ornements légers de l'époque, tels qu'arabesques, entrelacs, médaillons, etc.; ornements, du reste, qui sont tout à fait en désaccord avec la véritable fonction des contre-forts.

Les *gargouilles*, qui sont accrochées aux contre-forts, perdent aussi les anciennes formes, si franchement originales. Ce sont actuellement des chimères, de simples tuyaux; quelquefois ils figurent des canons.

BALUSTRADES

Les balustrades ne présentent plus l'aspect de celles des époques précédentes. Au lieu de trèfles et de quatre-feuilles, elles se remplissent d'abord de dessins de fantaisie, d'emblèmes, de chiffres, de lettres, parfois d'inscriptions entières, comme à l'église de la Ferté-Bernard (Sarthe), sur la balustrade extérieure de laquelle on lit le *Salve Regina* et le *Regina cœli*. Ensuite on les composa d'*ordres réduits*, c'est-à-dire de colonnettes ou de piliers de très-petites dimensions, très-rapprochés l'un de l'autre. — (Ex. : églises de Saint-Eustache, à Paris, de Belloy). — Enfin, ce mode prenant

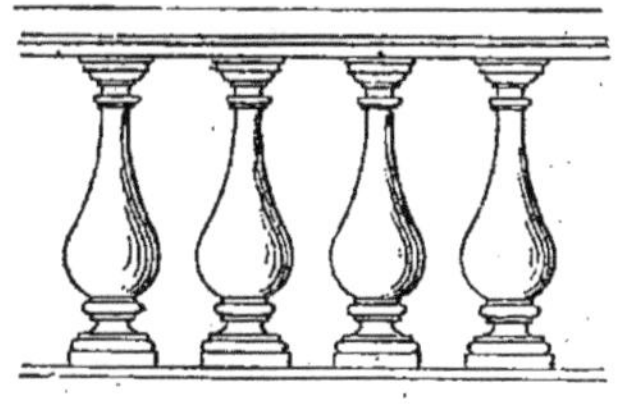

Fig. 1.

trop d'importance dans l'ensemble de la décoration, et rappelant trop les grandes lignes de l'architecture alors adoptée, on donne aux colonnettes un galbe particulier : on les traite comme des *montants de bois tournés au tour* et divisés en gorges, en panses et en bagues (fig. 1). « Et il faut croire que ces morceaux de pierre tournés parurent être la dernière expression du goût; car, après les avoir une fois adoptés, les architectes ne se mirent plus en frais d'imagination pour composer des balustrades en harmonie avec leur architecture; que celle-ci fût simple ou riche, plate ou accusant de fortes saillies, basse ou élevée, religieuse ou civile, la balustrade fut toujours la même, ou peu s'en faut. » On donne à ces montants le nom de *balustres*. — A l'intérieur des églises, on emploie même des balustrades en bois, ainsi composées.

ARCS ET ARCADES

Nous avons vu au XIIe siècle l'arc en tiers-point supplanter l'arc en plein-cintre, ou au moins se mêler fréquemment avec lui. Dans la seconde moitié du XVIe siècle, qui, comme le XIIe siècle, est véritablement une époque de transition, nous trouvons l'arc en

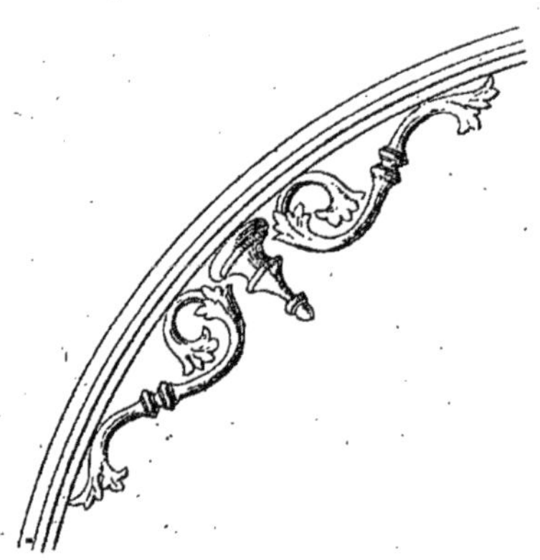

Fig. 2.

plein-cintre remplaçant à son tour l'arc en tiers-point, ou tous deux employés concurremment. — Leur intrados s'ornemente souvent de festons ou de rinceaux très-découpés (fig. 2).

ORNEMENTS

Les ornements les plus caractéristiques de l'architecture de la
Renaissance sont, sans contredit, les *arabesques*, sorte de dessins
capricieux, mais toujours élégants, dans lesquels viennent s'en-
lacer des fleurs, des oiseaux, des animaux, mille figures des
plus variées et toutes imaginaires [1] (fig. 3). — Notons en passant

Fig. 3.

que les premiers arabesques ayant été imités de décorations antiques, trouvées dans les galeries voûtées et obscures des bains de
Titus, à Rome, qui rappelaient assez des *grottes* naturelles, on
leur donna d'abord le nom de *grotesques*.

---

[1] On ne sait trop à quoi attribuer le nom d'*arabesques*, donné à ce genre
de composition décorative, les *Arabes* ayant toujours banni la nature ani-
mée de leur ornementation.

Après les arabesques, on peut citer les *médaillons*, les *cartouches* (fig. 4), les *écussons* (fig. 5), les *niches*, les *guirlandes de fleurs*, les

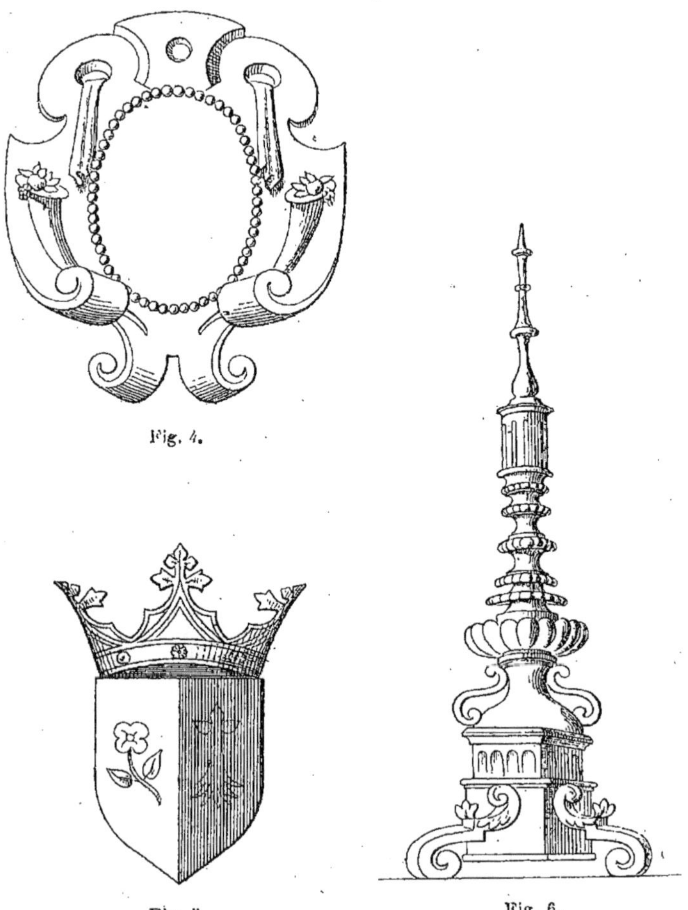

Fig. 4.

Fig. 5.

Fig. 6.

surfaces vermiculées, etc. — Surtout il ne faut pas oublier, à cause de leurs formes nouvelles, les *dais* et les *pinacles* (fig. 6). Leurs nouvelles formes les ont fait appeler, par M. de Caumont, *dais* et *pinacles-candélabres*.

FENÊTRES

Les fenêtres sont le plus habituellement cintrées et à une seule baie, c'est-à-dire dépourvues de meneaux. Aussi n'ont-elles plus que des proportions moyennes et uniformes. Les moulures qui

Fig. 7. — Fenêtre de l'église de la Ferté-Bernard (Sarthe).

les entourent sont, en retour, très-déliées et très-multipliées. — (Ex. : église Saint-Pierre, à Caen.) — Cependant quelques-unes conservent la forme ogivale. Dans ce cas, tantôt encore elles n'ont qu'une seule baie, tantôt elles sont, comme autrefois, divisées par plusieurs meneaux. L'intérieur de l'ogive est vide ou rempli par les

dessins flamboyants du XV⁰ siècle, ou bien par des compartiments
à angles droits, reliés ensemble par des guirlandes de fleurs, des
rinceaux, des chimères, etc. (fig. 7). — (Ex. : fenêtres du chœur
de l'église de la Ferté-Bernard, dans la Sarthe.)

Les grandes *roses* disparaissent généralement, ou au moins
perdent leurs belles dimensions d'autrefois.

FAÇADES

Les façades des grandes églises conservent encore assez habituellement les dispositions générales des siècles passés. Elles ont
toujours les trois *portes* traditionnelles, avec ébrasements, voussures, tympan, trumeau; mais les portes sont ou en plein-cintre,
ou même carrées. Les pilastres qui les encadrent sont couverts de
moulures très-variées, de niches avec statues, de dais en application, tandis que les surfaces lisses qui les entourent sont elles-
mêmes décorées d'arabesques, de médaillons, de guirlandes de
fleurs. — (Ex. : église de Saint-Michel, de Dijon, porte latérale
de Saint-Eustache, à Paris, etc.) Quand la baie est carrée, elle
est souvent surmontée d'un *fronton triangulaire* ou *arrondi*, que
l'on a soin de répéter au sommet de la façade.

COLONNES

Pendant l'ère ogivale, les piles flanquées de colonnettes avaient
affecté les sections les plus variées. Maintenant, les architectes
leur rendent la forme monocylindrique de la colonne antique, ou
les remplacent par des piliers quadrangulaires décorés de pilastres.
Mais du même coup ils leur rendent les proportions suivies par
les anciens, en établissant des rapports aussi exacts que possible
entre leurs différentes parties. De là, l'impossibilité de leur donner
l'élégance et la hardiesse des piles de l'architecture ogivale. Alors,
à l'exemple des constructeurs romains, ils prennent le parti de
superposer plusieurs ordres les uns au-dessus des autres, plaçant
toujours en dessous l'ordre le plus simple et le plus sévère.

Il faut ajouter que l'entablement reparaît à chaque étage, avec
ses trois parties distinctes : l'architrave, la frise et la corniche.
De plus, ce qui n'existait pas dans l'ordonnance antique, l'en-

tablement est parfois surmonté d'un petit fronton triangulaire ou arrondi (fig. 8). Le chapiteau reprend également le galbe grec ou romain, auquel on ajoute les ornements de fantaisie, et le fût se couvre de cannelures et de rudentures.

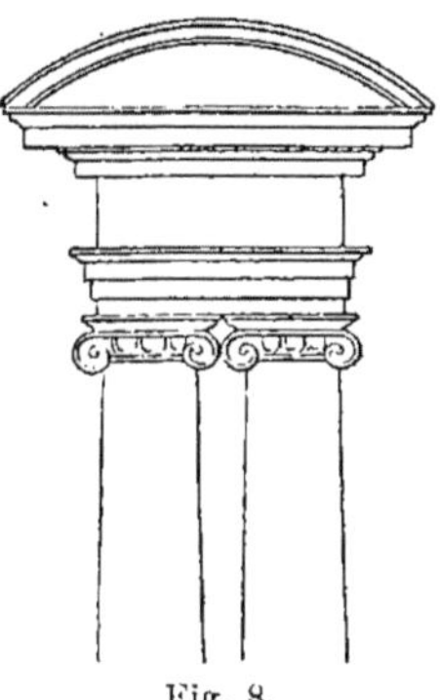

Fig. 8.

Notons enfin que dans quelques monuments on emploie toujours les simples nervures du XVe siècle.

VOUTES

Les voûtes conservent encore souvent la forme ogivale adoptée pendant l'époque précédente; mais elles se ramifient de plus en plus au moyen de *liernes* et de *tiercerons*, et tendent à se surbaisser. Chaque intersection de ramifications est ornée de *culs-de-lampe* et de *clefs pendantes*, qui deviennent de plus en plus saillantes et ornementées. « Ce n'est pas sans quelque surprise, fait observer M. de Caumont, qu'on voit suspendus ces culs-de-lampe imitant les stalactites dont les eaux tapissent certaines grottes, et qu'on se promène sous ces voûtes d'où pendent des pierres pesant plus de mille livres. » L'intrados de leurs arcs-ogives est souvent garni de festons en forme de rinceaux.

Les voûtes de petites dimensions sont plus habituellement en *plein-cintre surbaissé* ou *anse de panier* : leur surface, divisée en *caissons*[1] symétriques, reçoit des sculptures très-variées : fleurs, fruits, emblèmes, têtes humaines, génies ailés, etc.

[1] On appelle *caisson* une partie quadrangulaire formant enfoncement sur le nu d'un mur, d'un plafond, d'une voûte.

Fig. 9. — Voûte d'une chapelle absidale de l'église de la Ferté-Bernard (Sarthe).

Nous devons encore signaler un autre système, suivi principalement dans l'Ouest (la Normandie, le Maine et la Bretagne). Ce sont des *plafonds* composés de dalles de pierres divisées en caissons, et sculptées avec une richesse et une délicatesse inimaginables. Ces plafonds reposent parfois sur des arcs qui, par leur extrême légèreté, complètent ce bel ensemble (fig. 9). — (Ex. : églises Saint-Pierre de Caen, de Tillières-sur-Avre, dans l'Eure [1], de la Ferté-Bernard, etc.) La figure 9 représente la voûte de cette dernière.

Dans beaucoup d'églises de second ordre, on construit aussi des voûtes en *bois*. Ces voûtes se composent de grosses poutres placées longitudinalement sur le haut des murs, auxquelles on a donné le nom de *sablières*, A (fig. 10). Ces sablières sont unies ensemble, d'un mur à l'autre, par des poutres transversales, appelées *tirants*, B, qui servent de plus à porter en leur milieu des *poinçons*, C, ou poteaux de bois verticaux, destinés eux-mêmes à soutenir la poutre *faîtière* ou *faîtage* [1]. Cette poutre faîtière est à son tour reliée aux sablières par des *arbalétriers*, D, ou pièces de bois posées obliquement. Enfin, on pratique dans les arbalétriers des *épaulements* pour recevoir les arceaux, E, sur lesquels viennent se clouer les *bardeaux* [2]. — Souvent les bardeaux sont peints et et sculptés, et leurs lignes de jonction dissimulées par des tringles, également peintes et sculptées (fig. 10). Ce qui donne à ces sortes de voûtes, dites *voûtes en bardeaux*, un caractère d'originalité et d'élégance qu'on a souvent tort de leur enlever, en les recouvrant de plâtre.

CLOCHERS

Il y a peu de clochers en style de la Renaissance : au XVIᵉ siècle, on construit le plus souvent des tours ogivales, carrées, octogones, terminées par un toit plus ou moins pyramidal. — Les clochetons

---

[1] La voûte de cette église est attribuée à Jean Goujon.

[2] On appelle *faîtage* une pièce de bois longitudinale, formant la partie supérieure d'un toit à double égout.

[3] On appelle *bardeaux* de petites planches de bois, minces, oblongues et ordinairement quadrangulaires.

ont quelquefois la forme de *candélabre*, que nous avons vue plus haut.

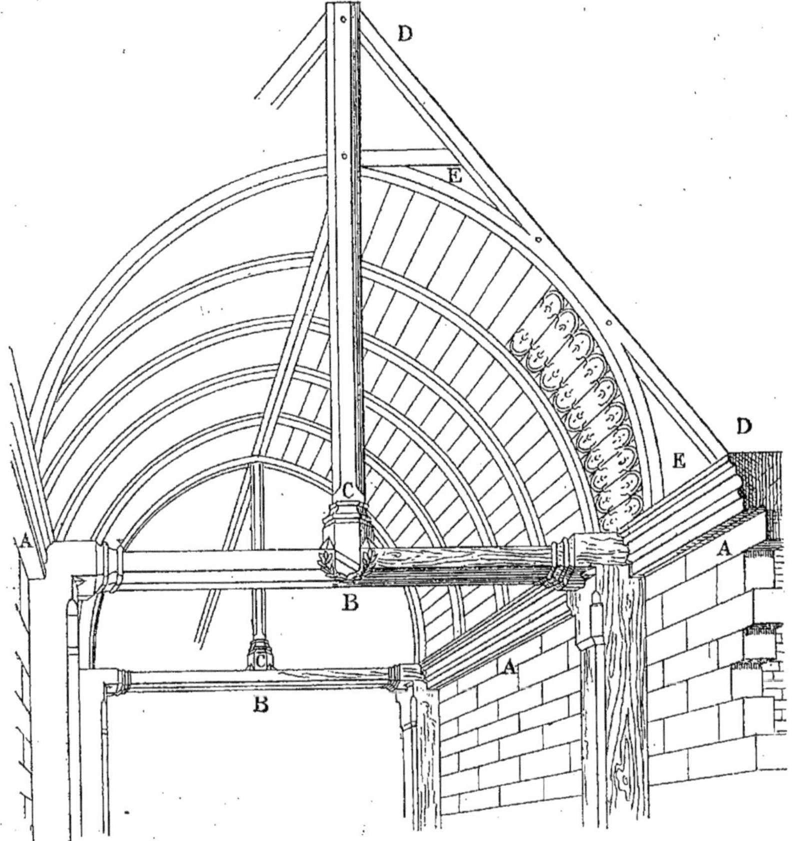

Fig. 10.

Les architectes de la Renaissance étaient admirateurs trop en-
thousiastes des œuvres des constructeurs italiens pour ne pas leur
emprunter le système des *dômes*. Il faut, du reste, reconnaître que
ceux-ci avaient porté ce système au plus haut degré de perfection,
dans la construction des dômes de Sainte-Marie-des-Fleurs de
Florence et surtout de Saint-Pierre de Rome. Ne pouvant entrer
dans tous les détails de la structure des dômes, nous dirons seu-

lement que les dômes sont tantôt en forme de *calotte*, tantôt en forme de *tiare*, et qu'ils sont ordinairement surmontés d'une *lanterne*, parfois même d'une petite *flèche*.

SCULPTURE ET STATUAIRE

La sculpture d'ornementation se fait remarquer par la délicatesse et le fini avec lesquels elle traite les ornements, déjà par euxmêmes si légers et si délicats, que nous indiquions tout à l'heure. Il est difficile de trouver rien de plus élégant et de plus gracieux que ces arabesques en demi-relief, qui couvrent les parties nues des murs.

Quant à la statuaire, elle abandonne complétement les traditions nationales et chrétiennes pour adopter le genre *italien* et *antique*. Certes, elle eût pu, si elle eût su rester dans de justes bornes, profiter et se perfectionner à cette étude des anciens : malheureusement elle s'oublia trop elle-même, et alors elle ne reçut la plupart du temps de cette étude qu'une funeste influence. Combien de fois, en effet, par suite de cette admiration trop absolue et de cette imitation trop rigoureuse, n'a-t-on pas vu dans nos églises des sujets religieux, traités d'une façon toute païenne, et devenir ainsi une injure perpétuelle à la sainteté du sanctuaire, au lieu d'en être l'ornement.

Ajoutons encore, pour éclairer davantage notre appréciation sur la statuaire de la Renaissance, le jugement qu'en porte M. de Caumont : « Une révolution s'opéra, dit-il, à l'époque de la Renaissance, dans la représentation de la nature humaine. Jusqu'au XVe siècle, la nudité n'était pas permise, je ne dirai pas seulement dans l'architecture religieuse, mais dans l'architecture civile. On dissimulait même à dessein les formes sous la draperie du vêtement, de peur d'éveiller les passions charnelles : les sculpteurs de la Renaissance *firent tout le contraire* : ils prirent à tâche d'exécuter la nature, et de donner à la gorge, aux épaules, au torse, une ampleur de forme que le moyen âge avait dissimulée sous la draperie. Le retour des esprits vers les études classiques amena, par une même impulsion, les artistes à l'étude de l'anatomie du corps humain... Les statues ont donc, continue l'éminent archéologue, indépendamment du costume de l'époque, des caractères tirés des formes anatomiques, et pour l'observateur elles constituent une classe très-distincte dans la longue série des figures appartenant aux différents siècles. »

PEINTURE

La peinture monumentale, qui, dans la dernière période ogivale, avait été trop souvent négligée, et était tombée dans le mauvais goût, reprend un essor nouveau sous l'habile direction des artistes venus d'Italie, entre autres de Léonard de Vinci et d'André del Sarto, que François Ier lui-même avait appelés à sa cour. Mais, au lieu de rester unie, comme pendant le moyen âge, à l'architecture, et de concourir avec elle à l'exécution d'une œuvre commune, elle s'en sépare complétement. L'architecte construit son monument sans se préoccuper de la manière dont le peintre le décorera ; le peintre, de son côté, commence et achève son ornementation sans avoir même songé aux lignes architecturales qui l'entourent. Cette peinture *de tableaux* [1], pour employer une expression reçue, remplacera désormais la peinture monumentale. Il est vrai que ce genre de peinture atteindra dans peu de temps une rare perfection : les nouveaux artistes l'emporteront bientôt de beaucoup sur leurs devanciers, et pour le dessin et pour le coloris ; les effets de perspective, presque inconnus jusque-là, conquerront l'admiration générale ; mais nos monuments, considérés dans leur ensemble, appréciés comme une œuvre unique, et aucun doute qu'ils doivent l'être ainsi, gagneront-ils à ce nouveau mode d'ornementation ? C'est ce qu'il est, ce nous semble, permis de révoquer en doute et même de nier.

MONUMENTS

L'Église Saint-Eustache, à Paris.
L'abside de l'église Saint-Pierre, à Caen.

---

[1] Ces tableaux sur mur prennent ordinairement le nom de *fresques*. — Et à ce propos il est peut-être bon de remarquer que la fresque, proprement dite, est une peinture *à l'eau*, qui, appliquée sur l'enduit frais d'un mur, y pénètre et s'y incorpore.

L'abside de l'église de la Ferté-Bernard (Sarthe).
Chœur de l'église de Tillières-sur-Avre (Eure).
Le portail de l'église Saint-Michel, à Dijon.
Le transept de l'église Sainte-Clotilde, aux Andelys (Eure)
Église d'Aumale (quelques parties).
Église de Gisors (idem).
Église d'Épernay (idem).

Comme nous l'avons annoncé, nous arrêterons ici nos études d'archéologie chrétienne.

Nous nous contenterons de noter, avant de finir, qu'à partir du XVIIe siècle, les traditions du moyen âge ont été abandonnées jusque vers la seconde moitié du XIXe siècle, époque ou beaucoup d'architectes ont repris les formes pures du style roman ou du style ogival. Pendant le XVIIe et le XVIIIe siècle, les formes grecques et romaines ont été exclusivement employées : encore ont-elles été la plupart du temps faussées et altérées, suivant le goût et le caprice de chaque constructeur.

Le seul trait caractéristique de la *période moderne* qui mérite être rapporté, se trouve dans l'ordonnance des façades. Elles se composent de deux *ordres* superposés. Le premier ordre comprend toute la largeur de l'église, c'est-à-dire les trois nefs, tandis que le second ne correspond qu'à la nef principale, dont la voûte s'élève au-dessus des toits des bas côtés. L'ordre supérieur est relié à l'ordre inférieur par des sortes de *consoles* renversées qui figurent des S. — (Ex. : églises de la Sorbonne et du Val-de-Grâce, à Paris.)

Nous pourrions peut-être encore signaler comme très-usités les dômes proprement dits et les tours surmontées d'un petit dôme en charpente, recouvert en plomb ou en ardoises et percé de lucarnes.

Les Jésuites ayant été les principaux promoteurs de ce nouveau genre de construction, on lui donna souvent le nom *de style des Jésuites*.

A. M. D. G.

TABLE

PAR ORDRE ALPHABÉTIQUE

DES TERMES ARCHÉOLOGIQUES

Le premier chiffre indique la page où se trouve la définition du mot;
le second, celle où est la figure.

A

B

D

16

TABLE DES MATIÈRES

ERRATA

Pages.	Lignes.	
25	1	*Au lieu de :* inclinées, *lisez :* inclinés.
34	4	*Au lieu de :* une sorte de, *lisez :* comme des.
58	7	*Au lieu de :* ne fut pas, *lisez :* ne fut même pas.
61	28	*Au lieu de :* luminare, *lisez :* liminare.
100	7	*Au lieu de :* galbe délicat; quelques-unes, *lisez :* gâble délicat. Quelques-unes.
133	26	*Au lieu de :* Sainte-Trophime, *lisez :* Saint-Trophime.
153	1	*Au lieu de :* (fig. 27) 2, *lisez :* (fig. 27.)
154	8	*Au lieu de :* une petite rosace, *lisez :* une petite rose.
156	12	*Au lieu de :* redents 3, *lisez :* redents 2.
156	20	*Au lieu de :* amortissement 4, *lisez :* amortissement 3.
159	16	*Au lieu de :* ou plusieurs fenêtres, *lisez :* ou de plusieurs fenêtres.

4201. — Tours, impr. Mame.

www.ingramcontent.com/pod-product-compliance
Ingram Content Group UK Ltd.
Pitfield, Milton Keynes, MK11 3LW, UK
UKHW022010170726
13837UKWH00001B/98